LÉVI-STRAUSS

COLEÇÃO
FIGURAS DO SABER
dirigida por Richard Zrehen

Títulos publicados

1. *Kierkegaard*, de Charles Le Blanc
2. *Nietzsche*, de Richard Beardsworth
3. *Deleuze*, de Alberto Gualandi
4. *Maimônides*, de Gérard Haddad
5. *Espinosa*, de André Scala
6. *Foucault*, de Pierre Billouet
7. *Darwin*, de Charles Lenay
8. *Wittgenstein*, de François Schmitz
9. *Kant*, de Denis Thouard
10. *Locke*, de Alexis Tadié
11. *D'Alembert*, de Michel Paty
12. *Hegel*, de Benoît Timmermans
13. *Lacan*, de Alain Vanier
14. *Flávio Josefo*, de Denis Lamour
15. *Averróis*, de Ali Benmakhlouf
16. *Husserl*, de Jean-Michel Salanskis
17. *Os estoicos I*, de Frédérique Ildefonse
18. *Freud*, de Patrick Landman
19. *Lyotard*, de Alberto Gualandi
20. *Pascal*, de Francesco Paolo Adorno
21. *Comte*, de Laurent Fédi
22. *Einstein*, de Michel Paty
23. *Saussure*, de Claudine Normand
24. *Lévinas*, de François-David Sebbah
25. *Cantor*, de Jean-Pierre Belna
26. *Heidegger*, de Jean-Michel Salanskis
27. *Derrida*, de Jean-Michel Salanskis
28. *Montaigne*, de Ali Benmakhlouf
29. *Turing*, de Jean Lassègue
30. *Bachelard*, de Vincent Bontems
31. *Newton*, de Marco Panza
32. *Sartre*, de Nathalie Monnin

LÉVI-STRAUSS
OLIVIER DEKENS

Tradução
Nícia Adan Bonatti

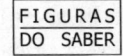

Título original francês: *Lévi-Strauss*
© Société d'Édition les Belles Lettres, 2010
© Editora Estação Liberdade, 2018, para esta tradução

PREPARAÇÃO Cacilda Guerra
REVISÃO Marise Leal
CAPA Natanael Longo de Oliveira
COMPOSIÇÃO Miguel Simon

CIP-BRASIL. CATALOGAÇÃO NA PUBLICAÇÃO
SINDICATO NACIONAL DOS EDITORES DE LIVROS, RJ

D374L

Dekens, Olivier
  Lévi-Strauss / Olivier Dekens ; tradução Nícia Adan Bonatti. - 1. ed. - São Paulo : Estação Liberdade, 2018.
  232 p. ; 21 cm.   (Figuras do saber ; 33)

  Tradução de: Lévi-Strauss
  Inclui bibliografia e índice
  Inclui glossário
  ISBN 978-85-7448-292-7

  1. Lévi-Strauss, Claude, 1908-2009. 2. Antropologia estrutural. 3. Etnologia - Filosofia. I. Bonatti, Nícia Adan. II. Título. III. Série.

18-48490   CDD: 306
                   CDU: 316

Meri Gleice Rodrigues de Souza - Bibliotecária CRB-7/6439

20/03/2018   22/03/2018

Todos os direitos reservados à Editora Estação Liberdade. Nenhuma parte da obra pode ser reproduzida, adaptada, multiplicada ou divulgada de nenhuma forma (em particular por meios de reprografia ou processos digitais) sem autorização expressa da editora, e em virtude da legislação em vigor.

Esta publicação segue as normas do Acordo Ortográfico da Língua Portuguesa, Decreto nº 6.583, de 29 de setembro de 2008.

EDITORA ESTAÇÃO LIBERDADE LTDA.
Rua Dona Elisa, 116 | Barra Funda | 01155-030
São Paulo – SP | Tel.: (11) 3660 3180
www.estacaoliberdade.com.br

Sumário

Cronologia 11

Introdução 21
   Ensaio de filosofia selvagem 21

PRIMEIRA PARTE 31
   A inteligência estrutural 31

I. A filosofia e a questão do homem 33
   O que é o homem? 33
   Um amor frustrado 38

II. Antropologia filosófica e antropologia científica 43
   Ciência contra filosofia 43
   O que é a antropologia? 46
   As condições de uma ciência antropológica 50

III. O projeto estruturalista 57
   O que é o estruturalismo? 57
   O inconsciente estrutural 61
   O método estruturalista 67

IV. A inteligência neolítica 71
   O pensamento de Lévi-Strauss 71
   A bricolagem 74

| V. | O natural e o estrutural | 81 |

| VI. | O transcendental e o estrutural | 89 |

VII.	Uma antropologia da suspeita	97
	A escolha do embaraço	97
	Nietzsche	100
	Marx	101
	Freud	105

VIII.	Polêmicas	111
	Sartre	111
	Foucault	118
	Derrida	121

SEGUNDA PARTE **127**
    O espaço estrutural   127

IX.	A estrutura	129
	Definição	129
	Gênese do conceito	132
	Ontologia estrutural	134
	O vazio	137

| X. | A tabela periódica | 141 |

| XI. | O paradigma linguístico | 147 |

| XII. | As estruturas do parentesco | 155 |

| XIII. | O totemismo | 161 |

| XIV. | Mitológicas | 165 |

| XV. | A ciência do concreto ou pensamento selvagem | 171 |

TERCEIRA PARTE	**175**
O efeito estrutural	175
XVI. O fim do sujeito	177
XVII. A dissolução do homem	181
XVIII. Epistemologia estrutural	185
XIX. Lévi-Strauss moralista	191
XX. Natureza e cultura	197
XXI. Estética estrutural	205
Conclusão	215
Vida e morte de Lévi-Strauss	215
Uma ética da inteligência	217
Índice de nomes próprios	219
Índice de noções	221
Glossário	223
Bibliografia	227

Cronologia

1905	Nascimento de Paul Nizan, Raymond Aron e Jean-Paul Sartre.
1906	Nascimento de Emmanuel Levinas.
1907	Henri Bergson publica *A evolução criadora*.
1908	Em 28 de novembro, nascimento de Claude Lévi-Strauss, em Bruxelas, neto de um rabino (em Versalhes), filho do pintor Raymond Lévi-Strauss e de Emma Levy.
1909	A família Lévi-Strauss se instala em Paris; nascimento de Maurice Merleau-Ponty e Simone de Beauvoir.
1912	Émile Durkheim publica *As formas elementares da vida religiosa*.
1913	Sigmund Freud publica *Totem e tabu*; morte de Ferdinand de Saussure.
1915	Nascimento de Roland Barthes.
1917	Nascimento de Algirdas Julien Greimas; morte de Durkheim.
1918	Publicação póstuma de "Le *Contrat social* de Rousseau", de Durkheim.
1918-1925	Lévi-Strauss cursa o ensino secundário no liceu Janson-de-Sailly; faz o *hypokhâgne*[1] no

---

1. Classe preparatória literária. Primeiro ano de um ciclo de dois ou três anos que conduzem às Escolas Normais Superiores. Sem equivalente no Brasil. [N.T.]

liceu Condorcet; abre mão de prosseguir nas classes preparatórias e inscreve-se em direito e em filosofia na Sorbonne; junta-se à Seção Francesa da Internacional Operária (SFIO), de tendência socialista.

1920   18º Congresso da SFIO, em Tours, no decorrer do qual a maioria se separa e cria a Seção Francesa da Internacional Comunista, o futuro Partido Comunista Francês (PCF); Roman Jakobson funda a Escola de Praga, com Nicolai Trubetzkoy.

1921   Bronislaw Malinowski publica *Sexo e repressão na sociedade selvagem*.

1922   Malinowski publica *Argonautas do Pacífico Ocidental*; Alfred Radcliffe-Brown, *The Andaman Islanders* [Os ilhéus das Andamão].

1924   Publicação póstuma de *Sociologia e filosofia*, de Durkheim.

1925   Marcel Mauss publica "Ensaio sobre a dádiva: forma e razão da troca nas sociedades arcaicas".

1926   Nascimento de Michel Foucault.

1927   Publicação de *Ser e tempo*, de Martin Heidegger; de *Journal méthaphysique* [Diário metafísico], de Gabriel Marcel; de *Le Progrès de la conscience dans la philosophie occidentale* [O progresso da consciência na filosofia ocidental], de Léon Bruschvicg; de *Arte primitiva*, de Franz Boas; Henri Bergson recebe o prêmio Nobel de literatura.

1928   Lévi-Strauss recebe o diploma de filosofia; no ano seguinte, obterá sem paixão o diploma em direito; Sartre é reprovado no concurso para professor adjunto [*agrégation*] de filosofia, no qual Raymond Aron passa em primeiro lugar; Boas publica *Anthropology and Modern Life* [Antropologia e vida moderna]; Margaret Mead, *Coming of Age in Samoa* [A adolescência em Samoa].

1929 Sartre passa em primeiro lugar na *agrégation*, Beauvoir em segundo e Nizan, em quarto; Merleau-Ponty passará no ano seguinte; seminário de Edmund Husserl na Sorbonne (que dará ensejo à publicação de *Meditações cartesianas* em 1931); publicação de *Que é metafísica?*, de Heidegger.

1930 Nascimento de Jacques Derrida.

1931 Lévi-Strauss passa na *agrégation* de filosofia; depois de cumprir o serviço militar, torna-se professor no liceu de Mont-de-Marsan, que no ano seguinte trocará pelo de Laon; Heidegger é nomeado reitor da Universidade de Friburgo; Radcliffe-Brown publica *The Social Organization of Australian Tribes* [A organização social de tribos australianas].

1932 Claude Lévi-Strauss se casa com a etnóloga e antropóloga Dina Dreyfus; Paul Nizan publica *Les Chiens de garde* [Cães de guarda], ataque em regra contra os filósofos "idealistas" (Bergson, Boutroux, Brunschvicg, Lalande, Marcel e Maritain); Jean Wahl publica *Vers le Concret* [Para o concreto]; Henri Bergson, *Les Deux Sources de la morale et de la religion* [As duas fontes da moral e da religião].

1933 Em abril, os nazistas põem em votação leis antissemitas; começa o êxodo de cérebros, Husserl se vê proibido de frequentar a biblioteca da Universidade de Friburgo; seminário de Alexandre Kojève sobre Hegel na École Pratique des Hautes Études (até 1939), do qual participam Raymond Queneau e Jacques Lacan; Bronislaw Malinowski publica *Mœurs et coutumes des Mélanésiens* [Usos e costumes dos melanésios].

1934 Lévi-Strauss ministra suas primeiras leituras em etnologia; Célestin Bouglié, seu professor na Sorbonne, lhe propõe que seja candidato à cadeira de sociologia da Universidade de São Paulo (USP).

1935 Professor em São Paulo; em companhia da esposa, Lévi-Strauss faz sua primeira expedição entre os caduveus e os bororos, da qual retirará o material de sua primeira publicação etnológica, "Contribution à l'étude de l'organisation sociale des Indiens Bororo [Contribuição ao estudo da organização social dos índios bororos], no *Journal de la société des américanistes*, no ano seguinte; Dina Lévi-Strauss se junta à missão cultural francesa e pronuncia conferências na USP; ela funda a primeira sociedade etnológica brasileira (com o poeta, romancista, musicólogo e historiador da arte Mário de Andrade); Raymond Aron publica *La Sociologie allemande contemporaine* [Sociologia alemã contemporânea]; Gabriel Marcel, *Être et avoir* [Ser e ter]; Emmanuel Levinas, *De l'Évasion* [Da fuga].

1936 Nizan publica *Les Matérialistes de l'Antiquité* [Os materialistas e a Antiguidade], seleção de textos (Demócrito, Epicuro, Lucrécio, entre outros) que prefacia; Husserl é eliminado do corpo docente alemão.

1937 Objetos coletados durante a expedição ao Mato Grosso são expostos no Musée de l'Homme, em Paris, sob o título "Indiens du Mato-Grosso (Mission Claude et Dina Lévi--Strauss)"; Émile Benveniste é admitido no Collège de France.

1938 Segunda expedição ao Mato Grosso; Dina Lévi-Strauss, que contraiu uma infecção no olho durante a estadia entre os nambiquaras, volta para a França; *Anschluss* (anexação da Áustria pela Alemanha nazista); publicação de *A náusea*, que torna Sartre famoso, e de *Introduction à la philosophie de l'histoire* [Introdução à filosofia da história], de Aron; morte de Husserl; morte de Trubetzkoy.

1939 A Alemanha invade a Polônia; a União Soviética e a Alemanha assinam um pacto de não agressão, imediatamente denunciado por vários intelectuais "progressistas" ou comunistas; Lévi-Strauss é mobilizado e designado perto da linha Maginot; Sartre, Aron e Nizan também são mobilizados; Léon Brunschvicg publica *La Raison et la religion* [A razão e a religião]; Georges Dumézil, *Mythes et dieux des germains* [Mitos e deuses dos germanos]; morte de Freud.

1940 A unidade de Lévi-Strauss se retira para Béziers; ele é desmobilizado e nomeado para o liceu de Montpellier; demitido em virtude das leis raciais votadas pelo regime de Vichy, ele partirá no ano seguinte para Nova York, onde será convidado para dar aulas num

	plano de salvamento dos intelectuais europeus da Fundação Rockefeller; encontra Roman Jakobson, com quem inicia uma colaboração; Boas publica *Race, Language, and Culture* [Raça, linguagem e cultura].
1941	Morte de Bergson.
1942	Mead publica *And Keep Your Powder Dry: An Anthropologist Looks at America* [E fique de sobreaviso: uma antropóloga olha para a América]; Merleau-Ponty, *A estrutura do comportamento*; morte de Malinowski; morte de Boas.
1941-1944	Durante a Segunda Guerra Mundial, Lévi-Strauss atua como professor de etnologia na New School for Social Research, onde começa a escrever sua tese, *As estruturas elementares do parentesco*.
1945	Ao fim do conflito, Lévi-Strauss é nomeado adido cultural da embaixada da França em Washington, em residência em Nova York; ele se casa pela segunda vez, com Rose-Marie Utrillo; Merleau-Ponty publica *Fenomenologia da percepção*.
1946	Sartre publica *O existencialismo é um humanismo*.
1947	Nascimento de Laurent, primeiro filho de Lévi-Strauss.
1948:	Lévi-Strauss volta para a França e entra para o Centre National de la Recherche Scientifique (CNRS); defende sua tese na Sorbonne.
1949	Publicação de *As estruturas elementares do parentesco*, na Presses Universitaires de France

(PUF); de *Male and Female: A Study of Sexes in a Changing World* [Macho e fêmea: um estudo dos sexos num mundo em transformação], de Mead; Dumézil é admitido no Collège de France.

1950 Depois de ter tentado por duas vezes, em vão, entrar para o Collège de France, Lévi-Strauss é admitido na École Pratique des Hautes Études; ele publica "Introdução à obra de Marcel Mauss"; morte de Mauss.

1951 Merleau-Ponty publica *Le Philosophe et la sociologie* [O filósofo e a sociologia].

1952 Lévi-Strauss publica *Raça e história*.

1953 Merleau-Ponty publica *Éloge de la philosophie* [Elogio da filosofia] (aula inaugural no Collège de France); Roland Barthes publica *O grau zero da escrita*.

1954 Lévi-Strauss se divorcia e se casa com Monique Roman; ele começa a trabalhar no texto que será publicado em 1955 sob o título *Tristes trópicos*.

1955 Merleau-Ponty publica *As aventuras da dialética*; Aron, *O ópio dos intelectuais*; morte de Radcliffe-Brown.

1957 Nascimento de Matthieu, segundo filho de Lévi-Strauss.

1958 Publicação de *Antropologia estrutural*, que retoma o essencial dos artigos escritos nos anos precedentes.

1959 Lévi-Strauss é admitido no Collège de France; Merleau-Ponty publica "De Mauss a Claude Lévi-Strauss".

1960 Lévi-Strauss ministra a aula inaugural no Collège de France em 5 de janeiro; Sartre publica *Crítica da razão dialética*.

1961 Émile Benveniste funda, com Claude Lévi-Strauss e Pierre Gourou, *L'Homme, revue française d'anthropologie*; a revista *Esprit* publica um número intitulado "La Pensée sauvage et le structuralisme"; morte de Merleau-Ponty.

1960-1962 Lévi-Strauss prossegue uma intensa atividade científica que leva à publicação, em 1962, de *O pensamento selvagem* e de *Totemismo hoje*.

1963 Jakobson publica *Les Fondations du langage* [Fundamentos da linguagem].

1964 Lévi-Strauss publica *O cru e o cozido*, primeiro volume de *Mitológicas*.

1965 Barthes publica *Elementos de semiologia*.

1966 Foucault publica *As palavras e as coisas*; Lacan, *Escritos*; Benveniste, *Problemas de linguística geral I*; Greimas, *Semântica estrutural*; *Les Temps Modernes* publica um número intitulado "Le Structuralisme".

1967 Lévi-Strauss publica *Do mel às cinzas*, o segundo volume de *Mitológicas*; publicação do *Curso de linguística geral*, de Saussure; Derrida publica *Gramatologia*, *A voz e o fenômeno* e *A escritura e a diferença*; Barthes, *Sistema da moda*.

1968 Publicação de *A origem dos modos à mesa*, terceiro volume da série *Mitológicas*; Dumézil publica *Mythe et épopée I* [Mito e epopeia I]; Lévi-Strauss se mantém distante dos acontecimentos de maio.

1969	Foucault publica *A arqueologia do saber*; Aron, *Les Désillusions du progrès* [As desilusões do progresso].
1970	Foucault é admitido no Collège de France; Greimas publica *Sobre o sentido*.
1971	Publicação de *O homem nu*, que fecha o ciclo mitológico; Lévi-Strauss causa um escândalo na Unesco com sua conferência, retomada em *Le Regard éloigné* [O olhar distanciado], sob o título de "Race et culture"; Foucault publica *A ordem do discurso*; Dumézil, *Mythe et épopée II*.
1973	Lévi-Strauss é eleito para a Academia Francesa; publicação de *Antropologia estrutural dois*; Jakobson publica *Rapports internes et externes du langage* [Relações internas e externas da linguagem].
1974	Benveniste publica *Problemas de linguística geral II*.
1975	Lévi-Strauss publica *La Voie des masques* [O caminho das máscaras]; Dumézil, *Mythe et épopée III*.
1976	Jakobson publica *Six Leçons sur le son et le sens* [Seis lições sobre o som e o sentido]; morte de Benveniste.
1977-1982	Lévi-Strauss faz inúmeras viagens, principalmente para o Japão, México e Coreia; Barthes é nomeado para a cátedra de semiologia do Collège de France.
1978	Dumézil é eleito para a Academia Francesa, com o apoio de Lévi-Strauss; morte de Mead.
1980	Morte de Barthes; morte de Sartre.

1981	Morte de Lacan.
1982	Lévi-Strauss se aposenta, em 2 de fevereiro; morte de Jakobson.
1983	Lévi-Strauss publica *Le Regard éloigné*; Greimas, *Sobre o sentido II*; morte de Aron.
1984	Morte de Foucault.
1985	Lévi-Strauss publica *A oleira ciumenta* e dedica-se a uma intensa atividade de conferencista pelo mundo.
1986	Morte de Dumézil.
1988	Publicação de entrevista de Lévi-Strauss concedida ao filósofo Didier Eribon, sob o título *De perto e de longe*.
1991	Lévi-Strauss publica *História de lince*.
1992	Morte de Greimas.
1993	Publicação de *Olhar, escutar, ler*; a partir daí, Lévi-Strauss continua a escrever e a intervir no debate científico, além de receber prêmios e recompensas por sua obra.
2004	*Les Temps Modernes* publica um número especial dedicado a Lévi-Strauss; morte de Derrida.
2008	Lévi-Strauss passa a integrar a Bibliothèque de la Pléiade; ele é objeto de uma homenagem da nação, da mídia e do meio cultural por ocasião de seu aniversário de cem anos, em 28 de novembro.
2009	Morte de Lévi-Strauss, em 1º de novembro.

Introdução

Ensaio de filosofia selvagem

Lévi-Strauss, cientista unanimemente reverenciado, é o mais célebre dos desconhecidos: célebre, por ter marcado, pela sua longevidade e pela amplitude de sua obra, o conjunto da vida intelectual do século XX; e desconhecido, por termos esquecido os grandes eixos que organizaram essa intelectualidade.

Como compreender a singularidade das teses de Lévi-Strauss sem ter uma ideia do que é o estruturalismo? Como apreender a especificidade de sua obra sem dispor de um conhecimento das disciplinas e das correntes com as quais ela entra em debate: a filosofia, a linguística, a psicanálise, o marxismo ou o existencialismo? Como, enfim, atribuir todo o alcance às pretensões científicas da antropologia estrutural quando se reduz as ciências humanas a uma percepção da realidade social?

Lévi-Strauss é um grande escritor, o fundador de uma ciência nova, a antropologia estrutural, e um daqueles que souberam, por sua profundidade de visão, levantar novamente, com argumentos revigorados, questões tão fundamentais quanto o valor das culturas, a definição do homem ou a sua impossibilidade, a organização dos mitos e a universalidade das estruturas. A ambição desta obra é mostrar a extrema originalidade da tese de Lévi-Strauss, testando duas hipóteses de leitura.

A primeira hipótese concerne à relação de Lévi-Strauss com a filosofia. Filósofo de formação, ele se manteve constantemente a certa distância dela, preferindo antes a solidez dos fatos e o controle da experiência do que a conduta da metafísica. Apesar disso, a antropologia estrutural, em seu próprio nome, é bem uma resposta possível à questão lançada por Kant há mais de dois séculos: "O que é o homem?". Mesmo que seja finalmente para dissolvê-lo naquilo que lhe confere um sentido, que sempre lhe escapa, Lévi-Strauss propõe uma elaboração conceitual do que é um homem. Ele soube ainda conciliar o cuidado permanente da singularidade das culturas e dos indivíduos com o desejo aparentemente contrário de dizer alguma coisa de universal a respeito desse mesmo homem.

A segunda hipótese, imediatamente ligada a essa pretensão universalista, repousa sobre uma intuição de leitor. Lévi-Strauss faz um autêntico trabalho de cientista, pela coleta e pela organização das informações, mas tal trabalho só é científico porque esse autor ultrapassa o observável para oferecer um sentido geral àquilo que está estabelecido, colocando os dados em tabelas, em combinatórias e pacotes de relações — a expressão é sua. Ao fazê-lo, ele estabelece a *estrutura* como um nível ontológico intermediário, nem elaboração psicológica, nem irregularidade constatada: o estrutural é o transcendental antropológico, o conjunto das condições de possibilidade do sentido da humanidade concreta.

Verificar essa dupla hipótese não significa reconduzir o trabalho de Lévi-Strauss a uma filosofia que ele, aliás, recusa explicitamente, por vezes com um vigor surpreendente. Também não se trata de identificar nessa recusa da filosofia um pensamento que, no fundo, seria filosófico, mas sem reconhecê-lo. De fato, não há nenhuma razão para supor má-fé ou desonestidade nesse cuidado constante de fazer um trabalho de cientista, e não de filósofo. Gostaríamos, então, respeitando a letra lévi-straussiana, de tentar elaborar, em nossa leitura, o esboço de uma filosofia selvagem, fundamentada nas intuições estruturalistas, que explicitaria as consequências conceituais do empreendimento antropológico. Dito ainda de outra forma: a elaboração de um pensamento selvagem na análise das estruturas, principalmente das estruturas míticas, pode nos convidar a um modo de reflexão inédito, cujo eixo seria um pensamento ampliado, descentrado, obtido precisamente pelo cuidado com o singular e com a diferença que caracteriza o olhar distanciado.

Partamos então da rejeição da filosofia, sobre a qual voltaremos longamente em nosso primeiro capítulo. Vejamos uma observação, na aparência secundária, no desenvolvimento da análise estrutural tal como ela se apresenta na *História de lince*. Lévi-Strauss, incidentemente, sublinha que a filosofia condena a etnologia sob o pretexto de que esta faz da mitologia um discurso que nada diz. Ele afirma então que de fato um mito, destacado pela abordagem filosófica de seu contato com a realidade etnográfica, não tem significação. Assim sendo, é preciso proceder de maneira diferente. O trabalho de Lévi-Strauss, em sua caracterização mais geral, consiste em responder à questão de origem filosófica "O que é o homem?", buscando um nível de análise que permita uma resposta concreta, portanto ligada a uma realidade empírica, sempre pretendendo a um grau de universalidade análogo àquele da filosofia. É preciso tocar na inteligibilidade do sensível. Citemos a passagem:

> Do observatório que eles (os filósofos) escolhem — empoleirados no ponto mais alto, onde os mitos perderam qualquer contato com a realidade etnográfica — os

mitos efetivamente não dizem nada. A análise estrutural o demonstra, ao contrário, destacando o nível em que os mitos dizem algo.¹

Lévi-Strauss não se opõe à filosofia jogando simplesmente o concreto contra o abstrato, o singular contra o universal. Ele visa ao universal concreto, isto é, no fundo, como veremos, à *estrutura*, único meio de produzir um pensamento do homem real, que nada impede seja concebido como ponto de partida de outra forma de fazer filosofia; quando não, o próprio Lévi-Strauss se lança em tal empreendimento.²

Outro ângulo de abordagem possível para dizer a mesma coisa: a obra de Lévi-Strauss como pensamento do homem é inseparável de um estado de espírito particular, o do viajante que experimenta ao mesmo tempo o descentramento necessário à abordagem da diferença e a inevitável solidariedade do etnólogo com sua cultura. O distanciamento assim mantido abre o espaço de uma ultrapassagem do particular sem romper com a experiência do outro.

A crítica que Lévi-Strauss faz das narrativas de viagem na abertura de *Tristes trópicos* é, em relação a isso, esclarecedora. A paixão da viagem se enraíza na ilusão, na crença de que as civilizações longínquas, que se está prestes a encontrar, vão nos fazer esquecer que nós, os modernos, perdemos a fragilidade e a pureza da cultura humana em sua origem. Ainda mais grave: essa nostalgia de uma

---

1. C. Lévi-Strauss, *Histoire de lynx*, in: *Œuvres*, Paris, Gallimard, Bibliothèque de la Pléiade, 2008, p. 1428. [Ed. bras.: *História de lince*, trad. Beatriz Perrone-Moisés, São Paulo, Companhia das Letras, 1993.]
2. Nesse sentido, podemos subscrever à justa expressão de Luc de Heusch, que fala de uma renovação clandestina da reflexão filosófica. Cf. "Situations et positions de l'anthropologie structurale", in: *L'Arc: Claude Lévi-Strauss*, reed. Paris, Inculte, 2006, p. 27.

humanidade perdida se baseia no conhecimento truncado e talvez voluntariamente lacunar dessas culturas ditas primitivas. Quantos exploradores imaginaram uma concepção da natureza humana a partir somente do testemunho de um povo encontrado por acaso e frequentado apenas alguns dias? A etnografia, em suas pretensões mais científicas, deve levar em conta tudo aquilo que atrai para si os indivíduos que, em sua ingenuidade epistemológica, vão solapar a possibilidade de uma antropologia científica.

Será que por isso devemos sonhar ainda com o momento originário em que as viagens teriam verdadeiramente sido essa prova ideal, "quando se oferecia em todo o seu esplendor o espetáculo ainda não deteriorado, contaminado e maldito"?[3] Não há certeza de que esse mito do encontro absoluto, no qual a ausência de comunicação que lhe é inerente é portadora de ignorância, deva verdadeiramente ser mantido. Permanece então nossa situação atual, a de uma dolorosa alternativa, cuja própria tensão vá constituir o princípio de um pensamento ampliado:

> Sou prisioneiro de uma alternativa: ora viajante antigo, confrontado com um prodigioso espetáculo do qual tudo ou quase tudo lhe escapava — pior ainda, inspirava escárnio e repugnância —, ora como viajante moderno, correndo atrás dos vestígios de uma realidade desaparecida.[4]

É preciso livrar o olhar do exotismo e da nostalgia; elevar o sentido de minha humanidade para que ele possa

---

3. C. Lévi-Strauss, *Tristes Tropiques*, in: *Œuvres*, op. cit., p. 31. [Ed. bras.: *Tristes trópicos*, trad. Rosa Freire d'Aguiar, São Paulo, Companhia das Letras, 1996.]
4. Ibidem.

apreender o verdadeiro espetáculo que tem sob os olhos: nem natureza perdida, nem diferença absoluta, nem versão originária daquilo que sou. Terão sido necessários ao homem Lévi-Strauss os vinte anos que separam suas primeiras viagens da publicação de *Tristes trópicos* para que o tempo e o esquecimento cumpram esse trabalho de purificação; permanece então uma arquitetura nova, apta a apreender na experiência aquilo que pode ser portador de universalidade. A viagem terá estado no princípio dessa modificação do olhar, mas ela não é o motivo essencial: na mesma medida em que é fundamental o trabalho do antropólogo como pesquisa estrutural, seu empirismo inato é necessário à constituição de um verdadeiro conteúdo de ciência.

Se por um lado Lévi-Strauss não aprecia nem as viagens, nem os exploradores, por outro considera que a pesquisa antropológica supõe uma decalagem de si a si mesmo que pode ser induzida por uma verdadeira concepção da viagem. O que ele entende por isso? "Uma viagem se inscreve simultaneamente no espaço, no tempo e na hierarquia social. Cada impressão só é definível se a aproximarmos solidariamente desses três eixos."[5]

Essa constatação, facilmente verificável, é verdade, oferece a Lévi-Strauss uma concepção singular do trabalho do etnólogo, que será mais caracterizado por uma atitude geral e uma aptidão para essa modificação da relação consigo do que pela viagem espacial propriamente dita.

Podemos, por fim, compreender essa exigência do descentramento como a expressão de um remorso, de uma má consciência do Ocidente diante de suas faltas e diante do erro cometido contra civilizações que ele vai em seguida

---

5. Ibidem, p. 72.

estudar: "O etnógrafo pode se desinteressar por sua civilização e não mais se solidarizar com suas faltas devido ao fato de que sua própria existência é incompreensível, a não ser como uma tentativa de resgate: ele é o símbolo da expiação."[6]

Entretanto, o olhar do etnógrafo não deve se contentar em expressar essa vergonha; também não deve concluir por uma superioridade das outras culturas sobre a civilização ocidental. Ele deve manter ao menos uma prudente modéstia, outra forma de dizer: o pensamento selvagem, que a recusa da nostalgia e a exigência do descentramento já expressaram à sua maneira.

Essas poucas reflexões sobre a viagem não têm a pretensão de descrever o empreendimento intelectual de Lévi-Strauss em sua especificidade. Elas só têm como objetivo indicar, ainda confusamente, uma concepção bem singular do pensamento, de sua relação com a experiência e de sua visão da inteligibilidade. Já percebemos a tessitura dessa rede fina e modulável de conceitos e de métodos que permitirão a Lévi-Strauss elaborar, clandestinamente, como vimos, o modo contemporâneo do pensamento aberto que Kant, no parágrafo 40 da *Crítica da faculdade de julgar*, exigia de todo pensador. Mas, ao passo que Kant concebia esse pensamento como uma capacidade de se colocar no lugar do outro, sem que por isso uma experiência real desse outro fosse necessária, Lévi-Strauss concebe uma verdadeira confrontação entre nosso pensamento e o pensamento selvagem, tal como o diz, por exemplo, a lógica mitológica. Embora o programa talvez diga respeito à filosofia, sua implementação é mesmo da competência do trabalho etnográfico. Esse trabalho manifesta, assim, aquilo que nele ultrapassa a

---

6. Ibidem, p. 417.

ciência. Nas palavras de Pierre Clastres, um dos que mudaram a face da etnologia:

> Se a etnologia é uma ciência, ela é, ao mesmo tempo, algo além de uma ciência. É, em todo caso, esse privilégio da etnologia que a obra de Claude Lévi-Strauss parece nos indicar: como inauguração de um diálogo com o pensamento primitivo, ela encaminha nossa própria cultura para um pensamento novo.[7]

Voltaremos na conclusão a essa possibilidade de um pensamento aberto. Antes disso, será preciso atravessar o *corpus* lévi-straussiano na forma de um triplo itinerário.

Primeiro tempo: o da inteligência estrutural. O projeto de Lévi-Strauss se inscreve numa tradição advinda de Kant: responder à questão do homem. Contudo, enquanto a filosofia quis ir ao universal colocando entre parênteses o particular, Lévi-Strauss vai ao universal pelo aprofundamento da particularidade.

O projeto estruturalista acontece no respeito desta dupla exigência: trata-se, pelo estudo minucioso dos sistemas de parentesco ou de representações míticas, de identificar os esquemas gerais e os conglomerados de relações que permitem, ao mesmo tempo, identificar a singularidade de uma cultura e situá-la na tabela periódica das possibilidades culturais. As culturas humanas se organizam, assim como a língua, por sistemas de oposições e de relações, e não por qualidades particulares que teriam em si mesmas uma significação.

A elaboração desse projeto, do qual Lévi-Strauss reivindica, com justiça, a dimensão científica, oferece às ciências

---

7. P. Clastres, "Notes sur Lévi-Strauss", in: *L'Arc: Claude Lévi-Strauss*, op. cit., p 159.

humanas um método e uma ambição que entram naturalmente em concorrência com as pretensões mais antigas da filosofia. Lévi-Strauss só pode ter êxito aqui regulando sua relação com a tradição filosófica por uma série de demarcações que estudaremos sucessivamente: a distinção entre o estrutural e o transcendental kantiano; a distinção entre esse mesmo estrutural e a ideia rousseauniana de natureza; a diferença entre o projeto estruturalista e as filosofias da suspeita — Marx, Nietzsche e Freud — nas quais, apesar de tudo, Lévi-Strauss se inspira explicitamente; a controvérsia entre o estruturalismo e três dos filósofos mais influentes dos anos 1960: Sartre, Foucault e Derrida.

Segundo tempo: o espaço estrutural. O estruturalismo lévi-straussiano apresenta um espaço muito organizado, balizado por um conjunto de conceitos: a tabela, a estrutura, é claro, a combinatória, o jogo, que são formas de dizer a cultura como mescla específica de um número de modos relacionais que, apesar de tudo, é finito. Tentaremos aqui compreender o que justifica tal abordagem, principalmente a analogia geral entre o procedimento antropológico e o da linguística. Será então questão, em detalhes, da análise dos sistemas de parentesco, da inversão na concepção do totemismo provocado por Lévi--Strauss e, mais ainda, pela paciente cartografia dos mitos constituída no decorrer dos anos por um Lévi-Strauss viajante e leitor.

O *pensamento selvagem* será objeto de uma atenção particular, na medida em que é a obra mais abertamente filosófica da obra de Lévi-Strauss. Nós a discutiremos em detalhes, a fim de compreender como se constitui, na bricolagem conceitual oferecida pelo inconsciente cultural das populações estudadas, uma lógica selvagem, cuja *finesse* e potência, hipoteticamente, nada deixariam a desejar à racionalidade ocidental. Encontramos aqui, em páginas luminosas, uma das mais belas sínteses entre a obsessão minuciosa dos fatos e a vontade de deles extrair a universalidade possível.

Terceiro tempo: o efeito estrutural. Filosófica, sem dúvida, pelos seus fundamentos metodológicos e suas intuições primeiras, a antropologia estrutural não o é em seu desenvolvimento efetivo, em que ela se mostra como ciência experimental. Apesar disso, essa cientificidade, por sua qualidade própria, tem um efeito filosófico. Isso nos obriga a revisar inteiramente certas convicções filosóficas, que só o hábito e o conformismo intelectuais tinham mantido vivas. O que resta do sujeito e do homem, já discutidos pela filosofia, quando o primeiro se vê inscrito nas estruturas que o ultrapassam e quando o segundo se encontra desintegrado numa combinatória da qual não é o autor? Como pensar a epistemologia das ciências humanas quando os conceitos de natureza, de cultura e de humanidade se põem a oscilar? Como, enfim, conceber a moral e a estética à luz das ferramentas das quais o estruturalismo como ciência mostrou a legitimidade?

Podemos então voltar a esse substrato filosófico do qual a obra de Lévi-Strauss é, em nossa leitura, portadora, sem dúvida a contragosto: uma antropologia que é filosófica porque é estrutural.

Primeira parte

A inteligência estrutural

I
A filosofia e a questão do homem

O que é o homem?

Não surpreende que o objeto da antropologia seja o homem. Mas a maneira pela qual Lévi-Strauss conceberá tal evidência, e principalmente a pretensão de dissolver o homem pelo exercício da ciência do homem, só pode ser compreendida confrontando o homem da antropologia com aquele que a filosofia tomou explicitamente como objeto a partir da revolução kantiana.

Dois textos de Kant podem ser aqui convocados. O primeiro é tirado da "Doutrina transcendental do método", que conclui *Crítica da razão pura*. Nele Kant define o conceito de interesse da razão, isto é, as questões às quais a razão é condenada a responder, para seu próprio interesse. A passagem é célebre entre todas as outras:

> *Todo interesse de minha razão (tanto especulativo quanto prático) se concentra nas três questões seguintes:*
> *1º) O que posso saber?*
> *2º) O que devo fazer?*
> *3º) O que me é permitido esperar?*.[1]

---

1. I. Kant, *Critique de la raison pure*, A 805/B 833, in: Œuvres philosophiques, Paris, Gallimard, Bibliothèque de la Pléiade, 1980, t. I, p. 1365. [Ed. bras.: *Crítica da razão pura*, trad. Fernando Costa Mattos, Petrópolis, Vozes, 2012.]

O segundo texto em que uma mesma tentativa de definição aparece é o da Lógica. Não se trata aqui de um texto de Kant propriamente falando, mas de notas tomadas durante o curso de lógica que ele ministrou ao longo de sua vida de professor. Nele Kant reitera as três questões acima, explicando que se trata não somente de determinar as finalidades da razão, mas também de delimitar o campo da filosofia.[2]

Dito de outra forma: a filosofia é um pensamento que tenta responder às questões que a razão se coloca, ou melhor, que ela é mesmo obrigada a se colocar. Essa divisão tripartite do trabalho da filosofia é cômoda e Kant se esforça por respeitá-la a cada vez que apresenta sua obra. O que ela nos ensina? A filosofia kantiana e a filosofia em geral devem abordar sucessivamente o problema dos limites do conhecimento, aquele do dever e, enfim, aquele das esperanças legítimas de todo homem.

O texto da *Lógica* contém uma quarta questão, ausente da *Crítica da razão pura*: "O que é o homem?". Kant não se contenta em adicionar um objeto de estudo ao catálogo dos temas de reflexão possíveis. Ele o precisa sem delongas, numa observação pesada de consequências:

> No fundo, poderíamos atribuir tudo isso à antropologia, porque as três questões se aproximam da última.[3]

A filosofia seria, no fundo, apenas uma forma de antropologia.

---

2. I. Kant, *Logique*, AK IX, 25, trad. L. Guillermit, Paris, Vrin, 1969, p. 25. [Ed. bras.: *Lógica*, trad. Guido Antonio de Almeida, Rio de Janeiro, Tempo Brasileiro, 2003.]
3. Ibidem.

Não é simples estabelecer a relação entre filosofia e antropologia no texto kantiano. Kant não diz somente que a reflexão sobre o homem une e resume a metafísica, a moral e a religião. Ele afirma mais precisamente que existe no homem certa disposição para a finalidade que preside à própria filosofia, definida como a "ciência da relação de todo conhecimento e de todo uso da razão com o fim último da razão humana".[4] Responder à questão do homem consiste em elucidar, em seu fundamento, essa disposição particular do ser humano, explicitando o princípio das três primeiras questões e organizando o conjunto em torno do conceito de *finalidade*.

Poderia Lévi-Strauss se inscrever nessa concepção kantiana da filosofia? Podemos duvidar seriamente disso, mesmo que o objeto que ele vá oferecer à antropologia estrutural seja, em certos aspectos, análogo ao homem kantiano. Para melhor compreender a situação de Lévi-Strauss sobre esse ponto, é preciso inscrevê-lo no debate mais amplo, aquele que leva o essencial dos intelectuais franceses a se opor a uma redução da filosofia à questão do homem. Dito de outra forma: a recusa, por Lévi-Strauss, do homem abstrato dos filósofos não se fundamenta somente sobre uma rejeição bem real da filosofia enquanto tal; ela também se baseia numa das teses mais constantes dessa mesma filosofia em sua expressão contemporânea — a contestação do antropocentrismo.

Por que a questão do homem, e a do humanismo, surgiu de maneira tão brutal no debate filosófico francês dos anos 1960, do qual Lévi-Strauss, talvez sem desejar, participou? Essa questão, que Kant considerava então como *a* questão da filosofia, certamente não é nova. Ela toma uma conotação inédita quando o conceito de homem, enquanto forma universal das qualidades unificantes do

---
4. Ibidem.

sujeito, é fragilizado pelos ataques dirigidos a este último, principalmente em nome de estruturas que o ultrapassam. Por outro lado, ela se torna objeto de polêmica quando o humanismo, que se reclama esse conceito, também se torna objeto de uma suspeita.

A publicação, na França, de *Carta sobre o humanismo*, de Heidegger, é sem dúvida o elemento desencadeador da controvérsia.[5] Nesse texto, Heidegger contesta a própria ideia de natureza humana, mas se aplica sobretudo a mostrar em que o humanismo não está à altura da complexidade da relação entre o *Dasein* e o ser, nem à altura da distinção essencial entre o *Dasein* e o mundo dos entes.[6] Só se pode deixar o pensamento diante daquilo que lhe importa verdadeiramente, o Ser, se a filosofia se livrar em definitivo de todo antropocentrismo.

Na França, trabalhos bem diversos responderam a esse impulso heideggeriano. Lévi-Strauss considera que aquilo que faz finaliza na destruição do mesmo conceito[7] — voltaremos a isso. Tese mais conhecida ainda, a de Foucault, nas últimas linhas de *As palavras e as coisas*, que fazem do homem uma figura de areia, entre o fluxo

---

5. M. Heidegger, *Lettre sur l'humanisme*, trad. francesa de Über den Humanismus (1949) por Roger Munier, Paris, Éditions Montaigne, 1957, resposta direta a uma questão colocada por Jean Beaufret em 1946 ("Como podemos voltar a dar sentido à palavra humanismo?") e indireta à conferência dada por Sartre em 1945, *L'Existentialisme est un humanisme*, e publicada por Nagel em 1946.

6. Para uma leitura desse texto, ver J. Derrida, "Les Fins de l'homme", in: *Marges de la philosophie*, Paris, Minuit, 1972. [Ed. bras.: "Os fins do homem", in: *Margens da filosofia*, trad. Joaquim Torres Costa e Antônio M. Magalhães, Campinas, Papirus, 1991.]

7. C. Lévi-Strauss, *La Pensée sauvage*, in: Œuvres, op. cit., p. 824: "*Nous croyons que le but dernier des sciences humaines n'est pas de constituer l'homme, mais de le dissoudre*" ["Acreditamos que a finalidade última das ciências humanas não é constituir o homem, mas dissolvê-lo"]. [Ed. bras.: *O pensamento selvagem*, trad. Tânia Pellegrini, Campinas, Papirus, 1989.]

e o refluxo, emergindo no final da idade clássica como princípio tutelar dos campos do saber e desaparecendo quando esses campos se compõem de outra forma.[8]

Foucault, como arqueólogo, estabelece a história desse conceito para marcar a breve existência do homem, dobra de nossa cultura que antes disso foi dobrada de outra forma, em torno de outros eixos, e que pode hoje em dia se redobrar de maneira ainda imprevisível. Foucault oscila entre constatação e desejo. Para esse autor, nossa época não é somente o momento de um novo início para a filosofia, que ele deseja retomar de outra forma; é também o de um fim programado do homem. A arqueologia só terá acentuado o declive natural da história do conceito de homem para sua dissolução; ela só terá sublinhado, com o seu riso silencioso, a morte previsível e feliz do homem.

O "homem" nem sempre existiu, e talvez não exista mais. Contudo, as forças que entram na composição do homem, sem necessariamente desembocar em sua formulação conceitual, estão aí, oferecendo-se para a análise. A analítica do humano só é possível na modernidade: mas ela só é real, honesta e crítica numa forma de pensamento desperto, vigilante, cuidadoso, para não recair no sono antropológico.

A situação da filosofia atual é, em relação a isso, comparável à da metafísica na idade do criticismo. O conceito de homem tem um efeito narcótico sobre o exercício da filosofia; poderíamos dizer, na esteira da metáfora kantiana, que ele mantém o pensamento num estado de minoridade confortável, dado que o homem assegura a tranquila manutenção da unidade do real. As ciências do

---

8. M. Foucault, *Les Mots et les choses*, Paris, Gallimard, 1966, p. 398. [Ed. bras.: *As palavras e as coisas*, trad. Salma Tannus Muchail, São Paulo, Martins Fontes, 2016.]

homem fascinaram e adormeceram a filosofia. Indicar em que o homem está morto é efetuar um novo gesto crítico que, a exemplo do gesto kantiano, libera o espaço de uma analítica da finitude, elevada ao segundo grau, mais crítica que a crítica, sem dialética humanista.

Lévi-Strauss não adere sem reservas a esse programa arqueológico. Contudo, podemos atenuar consideravelmente a crítica que ele fará da filosofia, com frequência agressiva, pela aproximação aqui tentada entre o olhar estrutural e o antiantropologismo dos filósofos franceses contemporâneos. Apesar de Lévi-Strauss ter se sentido distante da personalidade de um Foucault, de um Deleuze ou de um Derrida, isso não impediu a afinidade profunda do procedimento que empreenderam. Todavia, enquanto esses filósofos vão conceber seu trabalho no interior de uma filosofia seriamente maltratada, mas sempre respeitada, Lévi-Strauss não acredita que a filosofia seja capaz de tal autocrítica. Ele vai então rejeitá-la como disciplina, em nome da ciência, deixando para outros, e talvez para nós, o cuidado de fazer aparecer a eventual dimensão filosófica de seu trabalho.

Um amor frustrado

Voltemos então, depois dessa breve apresentação contextual, aos próprios textos e àquilo que eles nos dizem da imagem que Lévi-Strauss se fez da filosofia.

Tristes trópicos nos fornece um testemunho, completo e sincero, ao que parece, sobre o que devemos chamar de uma decepção amorosa. As disposições de Lévi-Strauss para a reflexão conceitual são evidentes, e elas não haviam escapado aos seus professores. Apesar disso, desde o início de seus estudos, uma viva frustração se faz sentir, e Lévi-Strauss a narra num capítulo significativamente intitulado "Como se faz um etnógrafo". Nessas páginas, ferozes e lúcidas, Lévi-Strauss descreve uma filosofia oficial, aquela que preside à própria forma da *agrégation*[9] de filosofia e à sua preparação. No fundo, uma retórica ou mesmo uma ginástica baseada na arte do *calembour*[10], da reviravolta teatral e das analogias aproximativas. Em suma, a dissertação à moda francesa. O ensino filosófico assim concebido exerce a habilidade intelectual, mas resseca o espírito, deixando acreditar que todo problema pode ser resolvido pela aplicação mecânica de um método. Dito de outra forma, e a sentença é justa:

> A filosofia não era *ancilla scientarium*, a serva e auxiliar da exploração científica, mas uma espécie de contemplação estética da consciência por si mesma.[11]

A história da filosofia como uma sucessão de significantes cada vez mais significantes, sem que jamais apareça nenhum referente. Exercício vão de um pensamento que jamais se atém ao cuidado de verdade, e que renuncia a dizer o ser das coisas. Decepção, rejeição, desgosto, que são motivos para escolher — uma vez garantida a *agrégation* e efetuados os dois anos de ensino como professor numa classe do ensino médio — dar um passo ao lado, para uma etnografia ainda mal identificada. Lévi-Strauss encontrará aí não somente o realismo fundamental que caracteriza sua forma de conceber o exercício intelectual, mas também os procedimentos menos submetidos a uma lógica da acumulação e da eficácia. Algo que diz respeito

---

9. Admissão ao corpo docente de uma universidade. (*Ant.*) Concurso de recrutamento de professores do liceu. [N.T.]
10. Espécie de trocadilho, jogo de palavras baseado na similitude de sons (homofonia) que recobre uma diferença de sentido, ou em palavras tomadas em duplo sentido. [N.T.]
11. C. Lévi-Strauss, *Tristes Tropiques*, op. cit., p. 40.

àquilo que Lévi-Strauss chama de "inteligência neolítica", e que ele aplica simultaneamente ao seu modo de funcionamento pessoal, ao modo de progredir da antropologia e à estrutura própria das lógicas que estuda, como, por exemplo, a do mito.

O trabalho de Lévi-Strauss não é uma filosofia, ele não o deseja; ele não visa descrever o que é o homem como natureza universal, imutável, essencial. Mas sem dúvida alguma tem seu lugar no projeto estrutural, tal como é resumido por Roland Barthes, quando afirma:

> Esperamos desenvolver uma análise geral do inteligível humano.[12]

Jean-Claude Milner, comentando essa citação, sublinha a que ponto haveria aqui uma inversão do platonismo.[13] Não mais, como queria *A república*, ler em letras garrafais, nas instituições, o que está escrito em letrinhas nas almas, mas compreender o social por meio da elucidação de uma universalidade psicológica, a da estrutura, tal como ela se dá em cada espírito humano. Há mesmo aqui um universal, e ele é antropológico: a estrutura fundamental do mental. Podemos observar: a crítica da filosofia não é a renúncia de dizer, a respeito da singularidade das culturas, alguma coisa que toca à mais alta generalidade, aquela da ciência.

A antropologia responde à questão do homem, na medida em que ela se dá por objeto aquilo que Lyotard chama justamente de "um estudo naturalista do espírito-sociedade".[14] Ela poderá, assim definida, fazer a ciência

---

12. R. Barthes, *Œuvres complètes*, Paris, Seuil, 1994, t. II, p. 569.
13. J.-C. Milner, *Le Périple structural*, Lagrasse, Verdier, 2008, p. 172.
14. J.-F. Lyotard, "Les Indiens ne cueillent pas les fleurs", in: *Claude Lévi-Strauss*, Paris, Idées-Gallimard, 1979, p. 50.

do homem no conhecimento daquilo que ele faz e ao mesmo tempo naquilo que ele diz ou pensa. Lévi-Strauss escreve:

> Que a antropologia se proclame "social" ou "cultural", ela aspira sempre a conhecer o *homem total*, conjecturado, num caso, a partir de suas produções, e em outro, a partir de suas representações.[15]

As pretensões totalizantes da antropologia nada têm a invejar as da filosofia. Mas estas se fundam numa confrontação real com o material empírico e tiram seus métodos desse próprio material, renunciando, enfim, ao jogo lógico ao qual o ensino seguido por Lévi-Strauss havia reduzido a filosofia. Nesse sentido, a antropologia é análoga a uma ciência que aceitaria submeter seus procedimentos, aqueles herdados do racionalismo ocidental, a uma avaliação comparativa advinda do pensamento selvagem, do qual ela talvez tenha sido derivada. Não mais uma crítica da razão por ela mesma e, portanto, uma antropologia filosófica, mas uma crítica do pensamento domesticado, o nosso, efetuada pelo pensamento selvagem, que a antropologia científica toma por objeto. Citemos ainda Lyotard:

> Determinar o pensamento em seu estado selvagem nada mais significa que efetuar uma nova crítica da razão. Não é um absurdo conduzi-la com os instrumentos de uma ciência que é por natureza pré-crítica se, ao mesmo tempo que se esclarece o pensamento selvagem pelas categorias do pensamento domesticado,

---

15. C. Lévi-Strauss, *Anthropologie structurale*, Paris, Agora-Plon, 1985, p. 416. [Ed. bras.: *Antropologia estrutural*, trad. Beatriz Perrone-Moisés, São Paulo, Cosac Naify, 2012.]

se estabelece a derivação deste em relação àquele e se são mostrados os conhecimentos positivos habitados por um conascimento originário.[16]

Estranho procedimento, e também estranha pretensão. Uma compreensão mais fina do projeto estruturalista se impõe aqui, para que a aparência do arbitrário das escolhas epistemológicas lévi-straussianas se dissipe, ao menos parcialmente.

---

16. J.-F. Lyotard, op. cit., p. 65.

II
Antropologia filosófica e antropologia científica

Ciência contra filosofia

A antropologia estrutural jamais romperá completamente seu laço com o projeto filosófico kantiano, nem com o cuidado, característico de qualquer filosofia, de pensar o singular em sua relação com o universal. Prova dessa fidelidade relativa à ambição filosófica: quando Lévi-Strauss esboça o retrato da sociologia francesa, sublinhando os efeitos perniciosos de sua abordagem por demais teórica, indica de passagem que esse gosto pelo conceito, se pode oferecer oportunidade a um procedimento estrutural, talvez também seja o futuro da sociologia.

> A origem filosófica da sociologia francesa lhe pregou algumas peças no passado; poderia acontecer que para o futuro ela fosse seu melhor trunfo.[1]

Dito isso, o trabalho de Lévi-Strauss vai se afastar consideravelmente dessa origem aqui aceita. A principal razão dessa rejeição reside na convicção de que uma real

---

1. C. Lévi-Strauss, "La Sociologie française", in: *La Sociologie au XXe siècle*, éd. Gurvitch, Paris, PUF, 1947, t. II, pp. 543-544.

apreensão do homem total não passa pela introspecção, mas sim por um desvio, o mais vasto possível, pelas formas de culturas mais afastadas da nossa:

> Os motivos que me afastaram da filosofia para me levarem à etnologia se deviam ao fato de que era preciso, se quiséssemos compreender o homem, evitar prendê-lo na introspecção, ou nos contentarmos em considerar uma única sociedade — a nossa —, ou ainda sobrevoar alguns séculos da história do mundo ocidental.[2]

A apreensão do universal humano não se dá então pelo aprofundamento daquilo que um único indivíduo, frequentemente ocidental, pode realizar por meio da meditação metafísica; ela só é pensável pelo descentramento, dispersão ou ruptura nas dimensões do mundo, de uma estrutura constante do espírito, que jamais está presente no estado puro no pensamento de um único ser.

Contra o psicologismo da filosofia, por certo se trata de desvelar um objeto humano para a consciência, mas que também é completamente distinto de mim. A constituição de uma antropologia se faz aqui baseada no modelo das ciências naturais, com a diferença notável de que ela se constitui por um exercício da própria consciência, levando em conta que ela não é determinante na estrutura de seu objeto. Também não é questão de substituir mecanicamente um sujeito, do qual se terá precipitado a perda, por uma metafísica do desejo ou da alteridade, como Levinas tenta fazer.[3] É preciso então abrir o espaço

---

2. C. Lévi-Strauss e D. Eribon, *De près et de loin*, Paris, Odile Jacob, 1988, p. 106. [Ed. bras.: *De perto e de longe*, trad. Julieta Leite e Lea Mello, São Paulo, Cosac Naify, 2005.]
3. C. Lévi-Strauss, *L'Homme nu*, Paris, Plon, 1971, p. 563. [Ed. bras.: *O homem nu*, trad. Beatriz Perrone-Moisés, São Paulo, Cosac Naify, 2014.]

de uma ciência, pelo abandono voluntário de uma mentalidade filosófica que terá, erradamente, preferido o sujeito à apreensão real da singularidade do objeto. Esquecimento de si, esquecimento de mim, em nome de uma concepção positivista do conhecimento científico, muito afastado do ceticismo que a filosofia se apraz em cultivar.

Lévi-Strauss só aceita para si algumas convicções filosóficas rústicas. Mais ainda, e é preciso tomá-lo ao pé da letra, recusa que se tome de seu pensamento uma forma de filosofia que reduzisse seu alcance científico. *O homem nu* é, em suas últimas páginas, o texto mais claro em relação a isso:

> Contrariamente a qualquer explicação filosófica que se desejasse fazer dos meus trabalhos, limito-me a declarar que, em minha opinião, eles só poderiam, na melhor das hipóteses, contribuir para uma abjuração daquilo que se entende atualmente por filosofia.[4]

Compreende-se bem que aquilo que Lévi-Strauss deseja empreender não diz respeito à filosofia tradicional. Mas esse texto, escrito nos anos 1970, no momento em que a filosofia do sujeito desmoronava literalmente no pensamento francês, poderia surpreender. As páginas que o precedem e as que o sucedem poderiam mesmo ser consideradas como o manifesto comum de muitos filósofos da grande geração que surgiu na virada dos anos 1960 e 1970, a de Foucault, Derrida, Lyotard ou Deleuze. A agressividade do ataque lévi-straussiano deve então ser compreendida como uma desconfiança em relação à retomada filosófica de sua obra, ou como uma recusa em proceder segundo a maneira antiga dos filósofos. Ela também mostra

---

4. Ibidem, p. 570.

o cuidado de não diluir seu trabalho numa forma literária ou conceitual, que enfraqueceria o alcance científico.

O que é a antropologia?

Nesse sentido, a antropologia é a arma de combate que por fim fará ouvir à pretensa antropologia filosófica aquilo que ela sempre recusou: um vasto discurso anônimo vindo do fundo das eras e estruturando o pensamento selvagem, formulação do espírito humano completamente diferente, inesperada, incompreensível pela lógica da consciência ou da subjetividade. O mito é o lugar desse pensamento ampliado, desse diálogo a três — o etnólogo, o filósofo e a narrativa mítica — em que a filosofia, enclausurada em seu solipsismo, literalmente nada tem a dizer. Lévi-Strauss resume essa condenação da surdez filosófica com uma fórmula extraordinária:

> Café do comércio ideológico em que, tomada entre as quatro paredes de uma condição humana talhada sob medida para uma sociedade particular, os habitués retomam infinitamente, ao longo do dia, os problemas de um interesse local, além dos quais a atmosfera enfumaçada de seu tabagismo dialético os impede de ampliar a vista.[5]

Mesmo quando a filosofia foge desse espaço confinado, contenta-se com uma forma decorativa de pensamento, mais preocupada com o efeito e o estilo que com a verdade. Essa é a decepção de um pensador que constata que a ciência do homem, finalmente, nada tem a esperar do

---

5. Ibidem, p. 572.

tratamento da questão do homem, em que pesem os dois séculos de retomadas sucessivas desse pensamento.

Falta precisar a natureza dessa antropologia científica. Construída contra a filosofia, ela deve também se distinguir das outras ciências humanas, sempre mostrando, em sua própria definição, seu caráter autenticamente científico.

A antropologia tem por objeto de estudo o homem em suas manifestações mais diversas. É, portanto, constitutivamente tomada na tensão inicial entre o cuidado das particularidades e uma condição humana que ela coloca, de maneira implícita, no fundamento da posição dos limites externos de seu objeto.[6]

Inúmeros textos trazem importantes precisões a essa definição mais geral. Tomemos assim, num primeiro momento, a célebre introdução que Lévi-Strauss faz para a obra *Sociologia e antropologia*, de Marcel Mauss. A partir de 1950 e, portanto, antes que os princípios da antropologia estrutural tenham sido divulgados pela publicação da coletânea epônima, Lévi-Strauss determina, numa profunda afinidade com Mauss, aquilo que ele mesmo concebe ser a tarefa do antropólogo.

A "Introdução" se abre com uma reflexão sobre o interesse que Mauss manifestou em relação às técnicas do corpo, sem necessariamente retomar por conta própria esse campo de estudo. Lévi-Strauss nota que as práticas corporais se baseiam "em certas sinergias nervosas e musculares que constituem verdadeiros sistemas, solidários de todo um contexto sociológico".[7] Isso significa, para antropologia a devir, que ela deve recusar qualquer fissura entre o social e

---

6. C. Lévi-Strauss, *Le Regard éloigné*, Paris, Plon, 1983, p. 49.
7. C. Lévi-Strauss, "Introduction à l'oeuvre de Marcel Mauss", in: M. Mauss, *Sociologie et anthropologie*, Paris, PUF-Quadrige, 2004, p. XIII. [Ed. bras.: "Introdução à obra de Marcel Mauss", in: M. Mauss, *Sociologia e antropologia*, trad. Paulo Neves, São Paulo, Cosac Naify, 2003, p. 14.]

o material, ou entre o natural e o mental — uma exigência que Lévi-Strauss jamais renegará.

Mais ainda: essa atenção dada à dimensão natural do social deve ser acompanhada por uma atenção ao simbólico, isto é, à forma coletiva em que a regulação das condutas individuais se liga necessariamente. Esse sistema simbólico é o quadro que estrutura ao mesmo tempo as relações que as diferentes dimensões de uma cultura mantêm entre si e o próprio conteúdo dessas dimensões. A antropologia, percebemos aqui, será construída como o estudo desses sistemas, isto é, essencialmente como um estudo relacional. O verdadeiro objeto da antropologia não é nem a arte, nem a ciência, nem a linguagem, nem as regras matrimoniais, mas sim a estrutura singular dos pacotes de relações — a expressão virá mais tarde — que, organizando esses diversos aspectos da vida, dá identidade a uma cultura. Nesse sentido, cada uma delas é, em sua complexidade, incomensurável, o que só aparece se a análise for elevada a um nível de generalidade suficiente para que seja situada no quadro combinatório das diferentes possibilidades culturais.

A antropologia não é mais uma ciência do indivíduo, nem do social, no sentido estrito que Durkheim deu a essa palavra em *As regras do método sociológico* (1895). O psiquismo individual deve ser pensado em sua complementaridade com a estrutura social; esta continua a ser primordial, e a reciprocidade não é exatamente recíproca: o social pode se aprofundar em suas incidências subjetivas, mas o subjetivo jamais se apresenta como uma simples pré-formação do social.[8]

O texto de abertura de *Antropologia estrutural* apresenta certo número de distinções às quais Lévi-Strauss não voltará. Primeiramente, ele afasta de seu campo de

---
8. Ibidem, p. XXIII.

estudo a sociologia, dado que ela, pelo menos na França, diz respeito a uma filosofia social que não sai de seus locais acadêmicos. Preferirá então lançar mão de dois termos: etnografia e etnologia. A etnografia "consiste na observação e análise de grupos humanos considerados em sua particularidade".[9] A etnologia "utiliza de modo comparativo os documentos apresentados pelo etnógrafo".[10] Por fim, a etnologia corresponde, precisa Lévi-Strauss, àquilo que se chama de antropologia social e cultural nos países anglo-saxões, rejeitando para fora de seu objeto a dimensão estritamente física da antropologia. Parece sobretudo questão, nessas páginas liminares, de esclarecer um vocabulário frequentemente usado de maneira indistinta, e Lévi-Strauss já determina os dois núcleos de sua pesquisa: enraizamento empírico fundamental, constituído pelo trabalho paciente e minucioso do pesquisador; e um movimento de generalização, que também é respeitoso com as mais ínfimas diferenças, destinado a produzir uma forma de ultrapassagem estrutural da singularidade cultural.

Esse dualismo essencial da antropologia se encontra na oscilação constante que ela institui entre o mental e o social. O estudo das manifestações da vida social, em sua necessária publicidade, sempre diz respeito a uma forma de análise psicológica, não no sentido de que o coletivo se reduziria a exteriorizar o íntimo, mas no sentido de que todas as práticas humanas se enraízam na vida inconsciente. *Tristes trópicos* aplica esse princípio de método à cidade, que é o próprio lugar onde se expressa essa coalescência do coletivo, do social, do psicológico e também da estética. A cidade é um extraordinário objeto, frequentemente

---

9. C. Lévi-Strauss, *Anthropologie structurale*, op. cit., p. 10.
10. Ibidem.

escolhido por Lévi-Strauss. A cidade como metáfora do entrelaçamento estrutural das dimensões da existência:

> Ao mesmo tempo objeto de natureza e sujeito de cultura; indivíduo e grupo; vivido e sonhado: a coisa humana por excelência.[11]

O trabalho antropológico assim definido vai se basear, e voltaremos longamente a isso, em certas correlações entre o funcionamento do social e o da linguagem. Essa colaboração possível entre antropólogos e linguistas poderia chegar a uma segunda definição da antropologia, que prolonga e completa o movimento de generalização que acabamos de sublinhar:

> Uma antropologia compreendida no sentido mais amplo, isto é, um conhecimento do homem que associa diversos métodos e diversas disciplinas, e que nos revelará um dia os segredos que movem esse hospedeiro, presente sem ter sido convidado para os nossos debates: o espírito humano.[12]

As condições de uma ciência antropológica

Compreende-se melhor a natureza da crítica que Lévi-Strauss faz da antropologia filosófica. Ela não diz respeito tanto à ambição dessa disciplina — que filósofo recusaria se ver atribuir como objeto o espírito humano? —, mas a seus métodos. É possível manter um discurso universalista sobre a condição humana, mas essa universalidade não provém de uma exclusão das singularidades.

---

11. C. Lévi-Strauss, *Tristes Tropiques*, op. cit., p. 112.
12. C. Lévi-Strauss, *Anthropologie structurale*, op. cit., p. 97.

Ela só pode vir do aprofundamento experimental do conhecimento *científico* do singular, acoplado à capacidade de apreender desse conhecimento as invariantes estruturais que permitem compreender o singular no e pelo universal. A passagem por essa experiência, que coleta as informações mais diversas, pela viagem e pela frequentação real das populações estudadas, não é o suplemento de alma de uma filosofia que já enunciou o essencial de suas teses no conforto de seus salões. É a própria condição da cientificidade da antropologia e, portanto, da legitimidade do termo.

Essa ligação com a experiência diz respeito, é claro, à exigência epistemológica. Mas provém igualmente do próprio objeto da antropologia, um espírito humano que nada tem de estritamente espiritual, sendo cada uma de suas manifestações indissociavelmente material e simbólica. "Não se pode estudar os deuses ignorando suas imagens"[13]; o gosto de Lévi-Strauss pelas máscaras, pelas esculturas, pelas vestimentas ou pela maquiagem repousa nessa convicção, que justifica novamente a necessidade do conhecimento empírico, que consiste, no fundo, em saber sobre o universal encarnado.

> A antropologia social não se limita a uma parte do campo da etnologia; ela não separa a cultura material e a cultura espiritual. [...] Os homens se comunicam por meio de símbolos e signos; para a antropologia, que é um diálogo do homem com o homem, tudo é símbolo e signo que se coloca como intermediário entre dois sujeitos.[14]

---

13. C. Lévi-Strauss, *Anthropologie structurale deux*, Paris, Agora-Plon, 1996, p. 20. [Ed. bras.: *Antropologia estrutural dois*, trad. Maria do Carmo Pandolfo, Rio de Janeiro, Tempo Brasileiro, 1993.]
14. Ibidem.

Diálogo do homem com o homem, a antropologia é a linguagem a respeito da estrutura; esta é tecida por sistemas materiais e simbólicos que, sob muitos aspectos, são próximos da lógica linguística.

Por fim, voltando no último texto de *Antropologia estrutural* às questões terminológicas que são o objeto do primeiro, Lévi-Strauss pode concluir sobre o caráter da antropologia, que engloba uma ordem de sucessão entre as diferentes ciências do homem:

> Etnografia, etnologia e antropologia não constituem três disciplinas diferentes, ou três concepções diferentes dos mesmos estudos. São de fato três etapas ou três momentos de uma mesma pesquisa, e a preferência por um ou outro desses termos expressa somente uma atenção predominante voltada para um tipo de pesquisa, que jamais seria exclusiva das duas outras.[15]

Usaremos então aqui o termo antropologia no sentido de que, como diz Lévi-Strauss, é "o mais apto para caracterizar o conjunto desses três momentos da pesquisa".[16] Ciência do homem total, ou ciência total do homem. Mais precisamente ainda: ciência do pensamento tal como ele se dá, *objetivado* nos mecanismos sociais e simbólicos, elaborado na confrontação e na separação entre a lógica própria da cultura do observador e a do observado. A célebre abertura das *Mitológicas* o afirma numa fórmula límpida, que convém citar aqui:

> Se a finalidade última da antropologia é contribuir para um melhor conhecimento do pensamento objetivado e de seus mecanismos, isso equivale a dizer que,

---

15. Ibidem, p. 413.
16. Ibidem, p. 417.

neste livro, o pensamento dos indígenas sul-americanos toma forma sob a influência do meu, ou o meu sob a influência do deles.[17]

O procedimento constitutivo da antropologia e suas pretensões universalistas tomam caminhos pouco habituais. Mas a necessidade da confrontação real entre as culturas não diminui de forma alguma, muito pelo contrário, o grau de objetividade dos conhecimentos assim obtidos. Sem dúvida, ela é o que permite consumar o divórcio entre antropologia filosófica e antropologia científica.

Enquanto a filosofia tem tendência a proceder com generalizações apressadas ou mesmo a partir do geral, a antropologia deve obedecer a uma estrita exigência de objetividade. Isso significa, em primeiro lugar, que ela não considera as manifestações sociais e culturais do espírito humano como a expressão coletiva da experiência de um sujeito, mas sim como a estrutura geral da humanidade, tal como ela preside à constituição do social *e* do mental.

Questão de ponto de vista. A sociologia tradicional, mesmo quando se esforça para ampliar seu horizonte de pesquisa, sempre teve como objeto a explicação da sociedade do observador. Ela não tem, então, o cuidado de fornecer conclusões aceitáveis para todos, inclusive para a sociedade do observado. Para a antropologia, ocorre de maneira diferente, pois esta é concebida como a "ciência social do observado".[18] Ela se dedicará, de fato, a formular um sistema explicativo realmente científico, isto é, uma

---
17. C. Lévi-Strauss, *Le Cru et le cuit*, Paris, Plon, 1964, p. 21. [Ed. bras.: *O cru e o cozido*, trad. Beatriz Perrone-Moisés, São Paulo, Cosac Naify, 2011.]
18. C. Lévi-Strauss, *Anthropologie structurale*, op. cit., p. 421.

compreensão estrutural, à qual poderia aderir, se fosse o caso, qualquer representante da sociedade estudada.

Essa universalidade só é concebível pela constituição de "um sistema de referência baseado na experiência etnográfica e que seja independente, ao mesmo tempo, do observador e de seu objeto".[19] Agindo assim, o antropólogo determina uma concepção particular da objetividade que inclui, mas ultrapassa, a exclusão de nossas crenças e prejulgamentos — fundo comum de toda ciência. Indo mais longe: renunciar a acreditar que nosso pensamento é *o* pensamento, estabelecer um quadro comparativo em que o pensamento domesticado do Ocidente e o pensamento selvagem do mito possam se encontrar, ou mesmo se comunicar:

> Não se trata somente de se elevar acima dos valores próprios à sociedade ou ao grupo do observador, mas sim de seus métodos de pensamento; de se atingir uma formulação válida, não somente para um observador honesto e objetivo, mas para todos os observadores possíveis. O antropólogo, então, não somente cala seus sentimentos; ele elabora novas categorias mentais, contribui para introduzir noções de espaço e de tempo, de oposição e de contradição, tão estranhas ao pensamento tradicional quanto aquelas que podemos encontrar hoje em dia em certos ramos das ciências naturais.[20]

A objetividade antropológica não se constitui, então, numa clássica purificação do subjetivo, mas na confrontação de duas formas objetivadas do espírito humano. Nisso, ela é mais significante que aquelas que podem ser

---

19. Ibidem, p. 422.
20. Ibidem, p. 423.

atingidas por outras ciências sociais. Lévi-Strauss insiste muito nesse ponto: a economia, por exemplo, pode formular conclusões cientificamente legítimas, sem que as constantes assim colocadas tenham um sentido para a consciência individual; a antropologia, na qualidade de ciência do homem total, jamais rompe o laço entre a universalidade estrutural e sua ressonância fenomenológica, isto é, sua dimensão subjetiva. Ainda aqui vemos que o privilégio dado à linguística não é formal; a linguagem é o lugar próprio da intimidade da relação entre a generalidade das estruturas e sua concretização individual na língua efetivamente falada.

Essa insistência sobre a objetividade talvez seja o traço que mais claramente liga Lévi-Strauss aos fundadores da sociologia francesa, Durkheim em primeiro lugar, e Mauss em seguida. A antropologia visa, por meio da objetividade, o homem em suas invariantes ou, se preferirmos, a natureza humana. Não há nenhuma contradição entre esse projeto e a atenção dada ao singular, da mesma forma que ela também não existe entre a pretensão científica e a criatividade própria do antropólogo, principalmente em termos de mobilização. Entretanto, contrariamente aos seus gloriosos predecessores, Lévi-Strauss não concebe a objetividade sem um distanciamento do pensamento consigo mesmo, sem um olhar distante, vindo de um objeto deliberadamente escolhido como o mais diferente de nós — as sociedades sem escritura.

A antropologia, nessa confrontação com a alteridade, implementa uma "dúvida antropológica"[21], parente próximo da dúvida filosófica. O gosto pelo outro nada tem de exotismo; ele é a interpretação de uma objetividade

---

21. C. Lévi-Strauss, *Anthropologie structurale deux*, op. cit., p. 37.

real, baseada numa "observação privilegiada, dado que distante".²²

O sentido último desse objetivismo e da metodologia da distância que ela induz certamente se encontra no horizonte da antropologia estrutural: não para produzir uma fenomenologia do humano, mas além daquilo que aparece para a consciência, "descobrir os mecanismos do sistema 'verdadeiro'".²³ Não vemos o que a presença das aspas justificaria aqui, a menos que seja uma inútil prudência.

---

22. Ibidem, p. 39.
23. Ibidem, p. 85.

III
O projeto estruturalista

O que é o estruturalismo?

O termo "estruturalismo" não goza de prestígio hoje em dia. Ele parece mesmo dar testemunho de um pensamento de outra era. Não obstante, na ótica dos últimos quatro decênios, o estruturalismo foi incontestavelmente o maior movimento intelectual na França.

Todavia, é preciso distinguir a nomenclatura, nem sempre reivindicada, de uma orientação geral do pensamento, que pode ser de inspiração estruturalista, sem que a palavra seja usada. De modo geral, o termo não designa uma escola de pensamento organizada, mas um conjunto bastante impreciso de pontos comuns de pesquisas efetuadas em campos muito diversificados, e frequentemente extrafilosóficos: a etnologia, a linguística, a análise literária ou a história.

O único elemento que poderia fundar uma definição do estruturalismo é a convicção, formulada por Lévi--Strauss em *Antropologia estrutural,* segundo a qual "numa *outra ordem de realidade,* os fenômenos de parentesco são *do mesmo tipo* que os fenômenos linguísticos".[1]

---
1. C. Lévi-Strauss, *Anthropologie structurale,* op. cit., p. 47.

O estruturalismo poderia ser então considerado como a posição da legitimidade de um método tomado emprestado da linguística em outros campos de pesquisas, sendo essa transferência de modelo justificada pela posição de uma analogia fundamental entre as estruturas que organizam a relação entre as diversas manifestações materiais e simbólicas do espírito humano e aquelas que fazem a linguagem funcionar.

Compreende-se então a importância da edição do *Curso de linguística geral*[2], de Saussure, em 1967. Essa publicação, muito posterior ao nascimento do estruturalismo como método etnológico, provocará uma disseminação da inspiração estruturalista em todos os campos, e precederá de pouco tempo as obras maiores de Derrida, Foucault, Barthes, Lacan ou Althusser, mas essa coincidência cronológica não significa que possamos encontrar uma real unidade entre esses diferentes trabalhos. Assim, Derrida não pode ser tomado como estruturalista, e Foucault recusará explicitamente esse epíteto.[3] Podemos notar algumas convergências, principalmente na crítica da noção de sujeito, mas não é certo que haja muita coisa em comum entre Lévi-Strauss, cuja obra pode reivindicar o estatuto de ciência, e o que Lacan fez dos conceitos freudianos, ou ainda o que Althusser fez com a noção de ideologia.

Por fim, o dito estruturalismo viu sua influência decrescer progressivamente a partir do início dos anos 1970. Isso

---

2. F. de Saussure, *Cours de linguistique générale*, Paris, Payot, 1967, obra em que são precisados sobretudo os termos de estrutura, de valor, de oposição distintiva, de sistemas e as oposições diacronia/sincronia, língua/fala, significante/significado, paradigma/sintagma, etc. [Ed. bras.: *Curso de linguística geral*, trad. Antônio Chelini, José Paulo Paes e Izidoro Blikstein, São Paulo, Cultrix, 2006.]

3. Cf., entre outros, M. Foucault, *Dits et écrits*, Paris, Gallimard-Quarto, 2001, t. II, p. 1254 : *"Je n'ai jamais été freudien, je n'ai jamais été marxiste et je n'ai jamais été structuraliste"* ["Jamais fui freudiano, jamais fui marxista e jamais fui estruturalista"].

não significa que seus representantes maiores deixarão de publicar, mas sua comunidade de inspiração se tornará cada vez mais problemática, e o próprio termo estruturalismo desaparecerá do espaço filosófico. A atenção com as estruturas, a convicção de que o sujeito não pode mais pretender a uma posição excepcional numa realidade marcada por restrições e jogos de poderes, o ceticismo em relação a um humanismo não crítico, tudo isso subsistirá ao desaparecimento do rótulo estruturalista.

No ensaio final de seu *Le Périple structural* [Périplo estrutural], Milner propõe uma análise do conjunto do estruturalismo que completa, de maneira útil, o quadro que acabamos de esboçar rapidamente. Sua leitura, bem original, se baseia curiosamente na célebre alegoria da caverna de *A república*, de Platão. A tese é a seguinte: enquanto Platão imaginava uma saída da caverna — lugar do erro e da ilusão — por meio do exercício da filosofia, o estruturalismo se definiria como a posição de uma ausência definitiva de um escape. Os homens, de certo modo, são enclausurados pelas estruturas no mundo que habitam, mas que não dominam, nem pelo poder do pensamento, nem por uma liberdade de absoluta contingência, nem pela ação revolucionária.

O estruturalismo é um pensamento cavernícola: o homem é um ser estrutural e a língua o suporta, enclausurado naquilo que será a sua tumba. Poderíamos, no máximo, estabelecer o mapa dos lugares, e o relevo específico da caverna — nosso mundo e nossa vida —, além de perceber as paredes; contudo, não há saídas. O estruturalismo não se desespera com essa situação. Há mesmo nisso um alegre saber:

> Pois dizendo que não se sai da Caverna, que na verdade não há exterior, os homens de 1960 não escolhem a tristeza, mas a alegria: a verdadeira, a do saber. É preciso

que o saber permaneça possível e que permaneça possível a opinião verdadeira, ainda que não se possa sair. Ora, essas coisas são possíveis.[4]

Mesmo que Lévi-Strauss reivindique a nomenclatura de "estruturalismo", ele é bem reticente diante da ideia de uma aproximação com Foucault, Lacan ou Barthes. Ele o diz claramente a Didier Eribon, quando este o entrevista sobre o assunto:

> Isso sempre me irrita, pois tal amálgama não tem fundamento. Não vejo o que há em comum entre os nomes que você cita. Ou melhor, vejo isto: são falsas semelhanças. Sinto que pertenço a outra família intelectual: a de Benveniste e Dumézil. Sinto-me também próximo de Jean-Pierre Vernant e dos que trabalharam com eles.[5]

Voltaremos à relação com Foucault, que merece uma análise mais detalhada. Retenhamos simplesmente que o estruturalismo, devido ao seu campo de aplicação, desemboca em resultados bem diferentes, e que não é óbvio reunir sob um mesmo termo a psicanálise lacaniana, a arqueologia foucaultiana e aquilo que Lévi-Strauss faz, mesmo que se reconheça um interesse comum pela analogia essencial entre a linguagem e as estruturas consideradas. Por fim, notaremos que Lévi-Strauss observa, sem lamentar, o desaparecimento progressivo da própria palavra, ou até mesmo da coisa. Dessa forma, ele renuncia a dar o nome de *Antropologia estrutural três* à coletânea de artigos que, por fim, recebeu o título de *Le Regard*

---

4. J.-C. Milner, op. cit., p. 269.
5. C. Lévi-Strauss e D. Eribon, op. cit., p. 105.

éloigné. Os motivos são simples: em 1983, "o termo foi esvaziado de seu conteúdo".⁶

O inconsciente estrutural

Retomemos os próprios textos, para além da querela de termos. O projeto estruturalista é explicitamente desenvolvido e teorizado nos dois volumes de *Antropologia estrutural*. Depois da apuração terminológica que comentamos anteriormente, e em conclusão de uma crítica dos estudos americanistas mais recentes⁷, Lévi-Strauss realça, em oposição a estes, aquilo que é visado pelo método estruturalista:

> [Trata-se de analisar] os processos conscientes e inconscientes, traduzidos em experiências concretas, individuais ou coletivas, pelas quais homens que não possuíam uma instituição conseguiram adquiri-las, seja por invenção, seja por transformação de instituições anteriores, ou ainda por tê-las recebido de fora.⁸

Lévi-Strauss define aqui, ao mesmo tempo, o estruturalismo e a estrutura, como um conceito que unifica uma série de oposições tradicionais: o consciente e o inconsciente, o individual e o coletivo, a aquisição e a invenção, a transformação e a assimilação. A implementação de tal empreendimento exige a ultrapassagem do estilo monográfico da etnografia, mas também o da redução da estrutura a uma função social. Nem tudo funciona numa

---

6. Ibidem, p. 131.
7. Encontraremos na nota 1 da página 15 de *Anthropologie structurale* as referências precisas dos artigos de Lowie, Spier e Kroeber que Lévi-Strauss critica aqui.
8. C. Lévi-Strauss, *Anthropologie structurale*, op. cit., p. 15.

sociedade, ainda que toda sociedade funcione, e é então possível que o *sentido* de uma prática não se encontre em sua eficácia social imediata.⁹ O estruturalismo é a elaboração, a partir do material etnográfico, dos princípios sistemáticos do espaço em que se constituem, simultaneamente, as práticas e as relações que elas mantêm entre si.

Lévi-Strauss explica ainda: de forma alguma essas estruturas são o equivalente dos códigos explícitos e conscientes que uma sociedade se oferece; elas dizem muito mais respeito aos "inconscientes da vida social"¹⁰, mesmo que essas estruturas sejam determinantes para certa parte das instituições e dos discursos que, em outros lugares, são conscientes.

O projeto estrutural terá como singularidade o uso dos modelos na elaboração das relações sociais¹¹, um modelo que sirva de sistema de referência. Há então um espaço social e um tempo social que permitem uma analítica dos "pacotes de relações" que os estruturam, mas esse espaço e esse tempo não são dissociáveis dos fenômenos sociais efetivos que os habitam.

A tese estruturalista contém uma posição epistemológica fundamentalmente determinista, de onde vem, por parte de Lévi-Strauss, como observaremos, a rejeição absoluta de um existencialismo ingênuo que acredita na contingência da ação humana. As estruturas são, de fato, estruturas mentais. Entretanto, elas não dizem respeito à criatividade do antropólogo que elabora livremente uma grade de interpretação da realidade, e depois afirma de maneira arbitrária que a realidade respeita as regras que ele inventou. Lévi-Strauss não é idealista, nem mentalista,

---

9. Ibidem, p. 24.
10. Ibidem, p. 31.
11. Ibidem, p. 344.

e ainda menos hegeliano.[12] Ou melhor, o mental lévi--straussiano é real, no sentido mais positivista do termo. Há um determinismo das práticas culturais, há uma lógica do social, que o antropólogo deve esclarecer, elaborar, conceber, mas da qual ele não é a fonte.

A explicação estruturalista se baseia na convicção de uma *necessidade estrutural*. Ela não pretende que a estrutura explique tudo, mas que determine, pelo menos em parte, o espaço social (eventualmente ao lado de outros tipos de determinismos), que diz respeito à "história pessoal, da sociedade ou do meio".[13] Dessa convicção decorre, naturalmente, a possibilidade de uma antropologia universalista, o que não é surpreendente, se pensarmos que uma *ciência* antropológica é possível e desejável.

A condição humana obedece às "leis de ordem, subjacentes à diversidade observável das crenças e das instituições".[14] Podemos estabelecer a lista dessas leis de ordem, cujo objetivo evidentemente não é negar a diversidade humana, mas dar conta dela. A comparação com a língua é aqui esclarecedora. Há, é claro, uma pluralidade das gramáticas e das fonéticas; mas também há princípios universais que estruturam *todas* as línguas. Dessa forma, não existe nenhuma língua que, contendo vogais nasais, não contenha vogais orais. Ou ainda: nenhuma língua marca o plural tirando da palavra um morfema particular, todas fazem o inverso.[15] Portanto, a análise dos mitos,

---

12. C. Lévi-Strauss, *Le Regard éloigné*, op. cit., p. 144. Lévi-Strauss recusa a ideia hegeliana de uma estrutura do real proveniente de uma subjetividade racional que se encarnaria sucessivamente nos modos concretos que ela seria capaz de, em seguida, reunir.
13. C. Lévi-Strauss, *L'Homme nu*, op. cit., p. 560.
14. C. Lévi-Strauss, *Le Regard éloigné*, op. cit., p. 61.
15. Ibidem. Dito de outra forma: não há língua que, possuindo, como o francês, sons como o "on", não possua ao mesmo tempo sons como o "a" ou o "o". Ou ainda: não há língua que retire uma letra ou um som de

como a dos sistemas de parentesco, visa ao estabelecimento dessas invariantes.

Esse universalismo fundamental pode surpreender dentro do campo ordinariamente mais prudente das ciências humanas. Como explicá-lo?

Em primeiro lugar, há em Lévi-Strauss o cuidado escrupuloso de mostrar a riqueza e a diversidade empíricas. Todavia, esse cuidado é inseparável de uma vontade de extrair desse material "constantes que são recorrentes em outros lugares e em outros tempos".[16] Os fenômenos sociais individuais são, nesse sentido, a ocasião de uma manifestação das "propriedades gerais da vida social"[17]; e essa manifestação é ainda mais notável, dado que será importante a separação entre a sociedade do observador e a do observado. É um efeito de contraste, mas também um efeito de inteligibilidade:

> O espírito humano, sem levar em conta a identidade de seus mensageiros ocasionais, aí manifesta uma estrutura cada vez mais inteligível à medida que progride o procedimento duplamente reflexivo de dois pensamentos agindo um sobre o outro, e do qual aqui um, de lá outro, pode ser a mecha da aproximação da qual brotará sua comum iluminação.[18]

A dimensão abertamente universalista do projeto estruturalista e sua insistência no primado do determinismo aparecem claramente na confrontação entre a antropologia e a história. De fato, poderíamos pensar que o

---

um termo para marcar o plural. Todas procedem como o francês e seu "s" final.
16. C. Lévi-Strauss, *Anthropologie structurale*, op. cit., p. 100.
17. Ibidem, p. 404.
18. C. Lévi-Strauss, *Le Cru et le cuit*, op. cit., p. 21.

determinismo estrutural refuta a contingência histórica, e que o estabelecimento de certas invariantes da condição humana aniquilaria a singularidade e, sobretudo, a imprevisibilidade dos acontecimentos. Não ocorre nada disso. O estruturalismo produzirá o quadro geral, isto é, o conjunto das possibilidades culturais simultâneas que organizam as práticas sociais do homem em geral. Dentro desse esquema, a história explicará por que tal direção ou tal outra, situada estruturalmente dentro da tabela periódica das opções civilizacionais, será escolhida em dado momento da história. É *contingente* que a sociedade ocidental tenha escolhido a via da racionalidade filosófico-científica; é *necessário* que ela escolha entre essa via e o pensamento mítico, entre outras possibilidades concebíveis.

> Ao mesmo tempo que, aquém da diversidade aparente das sociedades humanas, a análise estrutural pretende remontar a propriedades fundamentais e comuns, ela renuncia a explicar, não certamente as diferentes particularidades de que sabe dar conta, especificando em cada contexto etnográfico as leis de invariância que presidem ao seu engendramento, mas que essas diferenças, virtualmente dadas a título de simultaneamente possíveis, não sejam todas confessadas pela experiência e que algumas, somente, tenham se tornado atuais.[19]

A mesma ideia aparece em *La Voie des masques*, quando Lévi-Strauss tenta, por antecipação, responder à possível objeção que consiste em censurá-lo por não mencionar as condições históricas concretas da

---

19. C. Lévi-Strauss, *Du Miel aux cendres*, Paris, Plon, 1967, p. 408. [Ed. bras.: *Do mel às cinzas*, trad. Beatriz Perrone-Moisés e Carlos Eugênio Marcondes de Moura, São Paulo, Cosac Naify, 2005.]

transformação dos mitos. Lévi-Strauss não responde simplesmente que o estruturalismo nada tem a dizer sobre esse aspecto contingente da lógica mitológica; ele afirma que o antropólogo deve proceder a dois tipos de trabalho. O primeiro, abertamente estruturalista, terá como objeto estabelecer "o quadro geral das conexões lógicas, que permita interpretar um conjunto de mitos".[20] O segundo terá como função "documentar as conjecturas concretas nas quais uma transformação mítica surgiu".[21] Portanto, a história pode aqui contribuir diretamente com a antropologia, afinando a abordagem estrutural, constituindo uma nova articulação entre a necessidade das invariantes e a contingência das transformações — o que Lévi-Strauss faz na análise das modificações que dizem respeito às máscaras dos grupos salish, da costa continental da ilha de Vancouver. Uma forma, diz ele, de homenagear Jan van Baal (1909-1992), um antropólogo holandês "que jamais pensou que a análise estrutural e as investigações etno-históricas fossem incompatíveis".[22]

Pode-se considerar que a especificidade do projeto estruturalista reside na primeira dessas duas tarefas, sendo então o objeto da antropologia definido como o quadro geral das conexões lógicas que permitem interpretar um fato social total. Notemos, uma vez mais, que essas conexões lógicas não são nem funções, nem constatações empíricas, e ainda menos puros conceitos filosóficos: elas dizem respeito ontologicamente ao próprio homem, na universalidade das invariantes que o determinam como homem. Numa formulação mais cartesiana, há "uma estrutura

---
20. C. Lévi-Strauss, *La Voie des masques*, in: *Œuvres*, op. cit., p. 983.
21. Ibidem.
22. Ibidem, p. 990.

inata do espírito humano".[23] Sem tal estrutura, estamos condenados a jamais compreender as singularidades culturais, que só têm sentido devido aos seus distanciamentos diferenciais[24], isto é, no fundo, sua situação respectiva num espaço que previamente organiza o jogo de suas diferenças.

O *método estruturalista*

No momento de concluir essa primeira abordagem do projeto estruturalista, convém indicar rapidamente os princípios metodológicos de seu empreendimento. Já insistimos sobre o objetivismo lévi-straussiano. Voltaremos adiante a essa dimensão mais claramente epistemológica de seu propósito. Duas observações finais serão aqui suficientes.

A partir de sua "Introdução" a *Sociologia e antropologia*, Lévi-Strauss, seguindo aqui a inspiração de Mauss, considera que a antropologia só é estrutural se tomar por objeto um fato total que inclua o observador em sua observação. Em todas as etapas que identificamos até aqui — pesquisa empírica, estabelecimento das invariantes, constituição de um quadro de possibilidades, análise das condições concretas das escolhas culturais —, a antropologia deve ser capaz de se "objetivar indefinidamente"[25], isto é, de integrar a uma ciência do observado a auto-objetivação do observador, muito além das clássicas cláusulas de prudência comuns a qualquer ciência.

---

23. C. Lévi-Strauss, "Introduction à l'œuvre de Marcel Mauss", op. cit., p. XXXI.
24. Ver, sobre esse ponto, C. Lévi-Strauss, *Anthropologie structurale*, op. cit., p. 384.
25. C. Lévi-Strauss, "Introduction à l'œuvre de Marcel Mauss", op. cit., p. XXIX.

A segunda observação concerne à utilização que Lévi-Strauss faz da noção de *modelo*, problema que ele analisa cuidadosamente, em 1960, no artigo intitulado "Sentido e uso da noção de modelo" (retomado em *Antropologia estrutural dois*). Contra a antropologia inglesa e Radcliffe-Brown[26], Lévi-Strauss se defende da acusação de ser naturalista. Isso significa que as estruturas, aquelas dos sistemas de parentesco, ou aquelas das narrativas míticas, não são uma parte da própria realidade que o observador poderia apreender diretamente. Essa precisão é importante, podemos perceber, devido àquilo que sabemos do inatismo das estruturas e de seu caráter não idealista.

Compreendamos: a estrutura está no real, mas não é a ele redutível. Para deixar claro esse ponto, Lévi-Strauss usa uma metáfora complexa, a do quebra-cabeça. Com frequência os antropólogos acreditaram que seu trabalho consistia em descobrir como as peças do quebra-cabeça social se ajustavam. São, portanto, incapazes de estabelecer a estrutura do quebra-cabeça que ultrapassa o arbitrário do recorte das peças e do acaso de seu acoplamento. Se, por outro lado, podemos encontrar a fórmula matemática que presidiu a esse recorte, obteremos os meios para compreender como, por que e segundo quais modalidades as peças podem se encaixar.

A estrutura não é então *visível* no quebra-cabeça terminado, nem numa peça isolada. Entretanto, ela está *no quebra-cabeça,* como condição de possibilidade de seu sucesso e de sua especificidade. A estrutura social está assim no inconsciente social — o espírito humano, ou o homem total —, o que dá sua lógica ao recorte das

---

26. Alfred Radcliffe-Brown (1881-1955), antropólogo inglês, um dos fundadores do funcionalismo estrutural, de quem Lévi-Strauss se afasta parcialmente, como será mostrado mais adiante.

manifestações culturais, materiais e simbólicas, mas também a seu ajuste recíproco em dada civilização. Como vemos, essa é uma analogia admirável, que já permite entrever o teor ontológico bastante particular da *estrutura*, seu estatuto incerto entre a realidade bruta e o trabalho do antropólogo.

IV
A inteligência neolítica

O *pensamento de Lévi-Strauss*

A esse ambicioso projeto corresponde uma atitude intelectual particular, que é ao mesmo tempo a do pesquisador Lévi-Strauss e a de seu objeto, o pensamento não domesticado, tal como ocorre nos mitos ou nas estruturas de parentesco. Com o sentido da fórmula que o caracteriza, Lévi-Strauss qualifica de *inteligência neolítica* seu modo de proceder, bem distante da lógica do rendimento que habitualmente preside todo empreendimento científico.

Lévi-Strauss procede em três tempos. Em primeiro lugar, contenta-se em descrever seu modo próprio de funcionamento, sem pretender ainda fazer disso um método. Em seguida, realça a curiosa proximidade entre seu pensamento e o objeto que ele se oferece. Por fim, esclarece essa mesma proximidade, afastando a suspeita bastante legítima de uma contaminação do objeto pela atitude do sujeito conhecedor, uma suspeita que poderia colocar em questão a reivindicada objetividade do resultado.

O primeiro desses elementos intervém naturalmente no mais autobiográfico de seus escritos, *Tristes trópicos*. Lévi-Strauss acaba de narrar seu sucesso na *agrégation* de filosofia e de seu primeiro ano como professor na classe *terminale*.[1] Ele observa inicialmente que seu espírito "apresenta a particularidade, que sem dúvida é uma enfermidade, de me ser difícil fixá-lo duas vezes sobre o mesmo objeto".[2] Uma carreira de professor no ensino médio, com tudo o que ela necessariamente comporta de repetição e de retomada, lhe parece de imediato contrária a essa disposição do espírito. Quando Lévi-Strauss exerce sua inteligência sobre um objeto, faz com que desapareça como problema: não que todas as dificuldades sejam miraculosamente dissolvidas, mas porque esse objeto perde seu interesse a partir do momento em que já tenha sido abordado. O desejo do etnólogo proviria então de certa conformidade entre Lévi-Strauss e o objeto da etnologia:

> Hoje em dia me pergunto, às vezes, se a etnografia não me convocou, sem que eu desconfiasse, devido a uma espécie de estrutura entre as civilizações que ela estuda, e aquela de meu próprio pensamento. Faltam-me aptidões para manter sabiamente como cultura um campo em que, ano após ano, eu colheria a safra: tenho uma inteligência neolítica. Semelhante aos fogos do mato indígenas, ela incendeia solos por vezes inexplorados; ela os fecunda, talvez para tirar apressadamente algumas colheitas, e deixa atrás de si um território devastado.[3]

Não há valoração nesse autorretrato. Percebemos aqui o cuidado lévi-straussiano não somente de se afastar da atitude patrimonial da filosofia, mas também de renegar o positivismo um tanto quanto simplório das ciências

---

1. Terceiro e último ano do *lycée* (liceu, equivalente ao ensino médio no Brasil). [N.T.]
2. C. Lévi-Strauss, *Tristes Tropiques*, op. cit., p. 40.
3. Ibidem, p. 41.

naturais, e de sua pretensão de desenvolver a etnografia, tal como ele a concebe, por pura acumulação de conhecimentos. A etnografia, tal como é por ele pensada, é um trabalho de fecundação, e não de colheita. Podemos assim imaginar uma descoberta, empírica ou metodológica, sem que seu autor faça disso uma utilização sistemática, deixando a um hipotético herdeiro o cuidado de eventualmente tirar dela uma vantagem.

A etnografia só convém aos seres ambíguos, que ficam à vontade na antinomia entre a missão de conhecimento e do refúgio, essa propensão de todo professor e pesquisador a se subtrair à sua própria sociedade. Ainda mais: ela eleva ao mais alto grau essa propensão, pelas condições de vida que ele escolhe, por meio do que "adquire uma espécie de desenraizamento crônico".[4] Poucas disciplinas lhe são comparáveis, exceto — e a escolha de Lévi-Strauss é significativa — a música e a matemática:

> Como a matemática ou a música, a etnografia é uma das raras vocações autênticas. Podemos descobri-la em nós, mesmo sem que ela nos tenha sido ensinada.[5]

Poderíamos considerar essa maneira de julgar as coisas como um obstáculo à ciência, e esse fato, em certo sentido, não é falso, então Lévi-Strauss não extrai orgulho disso e indica seu caráter eventualmente fecundo. Falta de preocupação em explorar as aquisições, falta de preocupação em dar atenção à memória, e pouca memória: Lévi-Strauss remedia esse triplo defeito com a constituição maníaca de fichas e esboços, que retoma quando necessário, redistribuindo os conhecimentos segundo uma configuração nova a cada vez.

---

4. Ibidem, p. 43.
5. Ibidem.

Em outras palavras: a inteligência neolítica obriga o pesquisador a conceber seu trabalho como um jogo de paciência "no qual o acaso desempenha seu papel".[6] O jogo é a chave da relação entre a inteligência neolítica e o pensamento selvagem, e não é anódino que essa metáfora seja abundante em Lévi-Strauss, a cada vez que precisa descrever o funcionamento de uma cultura.

O segundo momento da demonstração aparece então: se há afinidade entre o espírito de Lévi-Strauss e o objeto etnológico, isso diz respeito a um isomorfismo fundamental entre seu modo de pesquisa e a constituição de uma identidade cultural. A redistribuição metodológica dos saberes repete subjetivamente a combinação cultural à qual toda civilização procede, na base de uma tabela periódica das possibilidades objetivadas, materiais e simbólicas, das quais podemos estabelecer a lista.

A bricolagem

Voltamos a observar esse procedimento tateante em outra imagem que Lévi-Strauss gosta de usar, a da bricolagem. Pela análise precisa desse termo, pouco usado na ciência, ele esclarecerá essa proximidade de espírito que acabamos de estabelecer e afastará definitivamente a preocupação de contaminação voluntária do objeto, efetuada pelo sujeito.

Em primeiro lugar, partamos da maneira de trabalhar de Lévi-Strauss. Como vimos, o estruturalismo tem como ideal uma apresentação matemática das práticas e das transformações culturais, ambas dizendo respeito a uma lógica próxima de um sistema linguístico. Sem renunciar a esse ideal, Lévi-Strauss observa que ele não pode

---

6. C. Lévi-Strauss e D. Eribon, op. cit., p. 6.

necessariamente ser realizado, como seria de esperar, por meio de um tratamento informatizado dos dados. Um exemplo permite compreender o porquê. Alguns etnólogos americanos tentaram refazer *O cru e o cozido* de maneira informatizada. Esse tratamento deveria permitir, partindo de um mito, reconstruir a lógica de suas transformações posteriores com um rigor absoluto. Lévi--Strauss não tem objeções de princípio a esse procedimento, o que já é surpreendente e revelador da ausência de reticência diante de tal geometria de espírito, mas observa que esse trabalho não tem eficácia:

> Os encadeamentos provavelmente eram mais rigorosos, mas isso tomava um tempo desproporcional. Sem dúvida, os inventores desses métodos se ocupavam também de outras coisas: conseguiram chegar a engendrar os cinco primeiros mitos quando, com meus procedimentos artesanais, eu já havia desemaranhado algumas centenas, não sem deixar vários numa certa "vagueza artística".[7]

Artesanato e vagueza [*flou*] artística como vetores do sucesso de sua pesquisa, ou as virtudes da bricolagem. *O pensamento selvagem* conceituará essa atitude em páginas célebres. Depois de ter sublinhado o caráter científico do procedimento do homem do neolítico em sua abordagem da natureza, Lévi-Strauss descreve esse procedimento como um modo de classificar o real segundo uma lógica da percepção que nada tem a invejar, em sua eficácia, a classificação mais abstrata do método científico ocidental. A inteligência neolítica, a dos povos sem escrita, é uma ciência do concreto baseada numa "exploração especulativa do mundo sensível em termos de

---

7. Ibidem, p. 192.

sensível"⁸, que constitui o substrato de toda civilização, no próprio lugar em que ela foi suplantada pelas ciências exatas.

A ciência *primeira*, e não primitiva, é então comparável à bricolagem. Com isso se designa qualquer procedimento manual que usa um material e ferramentas heteróclitas e limitadas. O *bricoleur* trabalha com aquilo que tem à mão, o que não o impede, mas de modo incidente, de obter resultados "brilhantes e imprevistos".⁹ Especifiquemos ainda o procedimento. Assim como o pensamento selvagem, o *bricoleur* age com os meios que a situação lhe oferece, isto é, com um eventual limite de possibilidades que não são determinadas por um projeto. Os acasos da descoberta — que está mais ligada aos achados —, da reciclagem e da reutilização criativa estruturam o procedimento, mais que sua finalidade cognitiva explícita. Dito melhor:

> Cada elemento representa um conjunto de relações ao mesmo tempo concretas e virtuais; são operadores, mas usáveis com vistas a quaisquer operações dentro de um tipo.¹⁰

O princípio é simples: isso sempre pode servir. Cada ferramenta é concebida como a interface entre o caráter imediato e sensível de sua materialidade e a abstração de seu uso possível. O mesmo ocorre com as categorias do pensamento selvagem, que estão a meio caminho entre os *percepta*¹¹ e os conceitos, próximos da natureza linguística

---

8. C. Lévi-Strauss, *La Pensée sauvage*, op. cit., p. 576.
9. Ibidem, p. 577.
10. Ibidem, p. 578.
11. Objeto da percepção (sem referência ontológica a uma coisa em si). *Percept* — plural latino *percepta* — se opõe a conceito. [N.T.]

do signo, unindo o significante e o significado, a imagem e o conceito.

A referência a Saussure vem precisar a metáfora da bricolagem. De fato, o signo é um ser concreto que, entretanto, pode substituir aquilo que ele não é — e, portanto, pode pretender a uma forma de generalidade ilimitada. O pensamento selvagem interroga seu tesouro em permanência, seu repertório de signos utilizáveis, assim como o *bricoleur* varre com os olhos seu estabelecimento antes de se lançar à sua bricolagem, encontrando-se esta pré-afetada pelo caráter limitado de seu estoque de ferramentas e de materiais.

O *bricoleur* tem nas mãos alguns resíduos; o pensamento selvagem trabalha com subconjuntos de cultura que ele irá combinar segundo uma lógica própria, e recombinar em seguida, segundo a modificação dos problemas colocados. A diferença entre o *bricoleur* e o engenheiro se encontra aí: enquanto este último sempre busca ir além do que tem, pelo poder de um conceito que abre para um novo conhecimento, o primeiro opera por signos, isto é, pela reorganização de mensagens pré-transmitidas.

> Compreendemos assim que o pensamento mítico, apesar de preso na armadilha das imagens, já possa ser generalizador e, portanto, científico: ele também trabalha por analogias e aproximações, mesmo que, como no caso da bricolagem, suas criações levem sempre a um arranjo novo de elementos cuja natureza não é modificada, na medida em que figuram no conjunto instrumental ou no agenciamento final.[12]

---

12. C. Lévi-Strauss, *La Pensée sauvage*, op. cit., p. 581.

Há aqui uma forma de poesia, próxima do acaso objetivo dos surrealistas; há também a expressão da personalidade do *bricoleur*, tal como se dá na escolha dos meios utilizados. O pensamento mítico é um agenciamento de acontecimentos: não tem, então, a eficácia de uma ciência que cria, no fundo, aquilo que ela toma como objeto. Mas, enquanto a ciência renuncia a explicar aquilo que provisoriamente não tem sentido para ela, a bricolagem mítica sempre tem sentido, dado que suas ferramentas já foram usadas. Nisso, ela é liberadora.[13]

Voltaremos mais tarde à crítica que Derrida faz dessa apresentação do pensamento mítico. Examinemos mais um ponto: a distinção entre o *bricoleur* e o engenheiro parece, como nota Derrida[14], um pouco artificial, como se o engenheiro pudesse de fato criar inteiramente a linguagem que utiliza. De fato, parece que a ciência não escapa à lógica do discurso, isto é, que seus enunciados ocorrem necessariamente no interior de um sistema que os precede e lhes dá sentido. Se a distinção falha, a metodologia própria do estruturalismo lévi-straussiano, naquilo que ela concerne à bricolagem reivindicada, poderia se ver comprometida. A proximidade estabelecida entre o procedimento do etnólogo e seu objeto poderia se voltar contra ele, caso se consiga mostrar a fragilidade das distinções necessárias à delimitação do objeto em questão.

Outra dimensão da comparação com a bricolagem é a concepção modesta e prudente que ela oferece a respeito do trabalho etnológico. Contra o antigo cuidado com a profundidade, contra uma filosofia da denúncia da máscara, contra o gosto pelo fundamento, o estruturalismo é

---

13. Ibidem, p. 582.
14. J. Derrida, *L'Écriture et la différence*, Paris, Points-Seuil, 1967, p. 418. [Ed. bras.: *A escritura e a diferença*, trad. Maria Beatriz Marques Nizza da Silva, São Paulo, Perspectiva, 2014.]

marcado pelo cuidado da superfície. Nesse sentido, podemos aplicar a Lévi-Strauss aquilo que Milner atribui a Barthes: uma revolução no estilo do pensamento. Repentinamente, pequenos objetos se tornam interessantes; bruscamente, a superfície é reabilitada:

> A inteligência é ver aquilo que se vê, em sua disposição imediatamente dada, sem se apressar em ceder às demandas mais profundas. O profundo se mostra em nada ser diferente da superfície. É uma superfície dobrada de outra maneira. Mundo sem umidade, sem portas fechadas, sem inferno.[15]

Dobras, combinações, estabelecimentos, ferramentas, toda uma panóplia conceitual que rompe com a grandiloquência filosófica, mas também com as certezas das ciências exatas. A bricolagem estruturalista é baseada na denegação da cesura entre o inteligível e o sensível que o signo, como elemento intermediário, manifesta mais claramente. Lévi-Strauss o diz explicitamente numa entrevista com Raymond Bellour:

> Só é possível compreender o homem a partir do momento em que o tipo de explicação que se busca visa a reconciliar a arte e a lógica, o pensamento e a vida, o sensível e o inteligível.[16]

A bricolagem é a atitude intelectual que corresponde a essa rejeição do dualismo tradicional, inclusive aquela que opõe muito apressadamente o necessário e o contingente. Lévi-Strauss sempre irá preferir a imagem da

---
15. J.-C. Milner, op. cit., p. 160.
16. "Entretien avec Raymond Bellour", in: *Claude Lévi-Strauss*, Paris, Idées-Gallimard, 1979, p. 186.

combinação à da oposição, a forma do jogo à da expedição guerreira, o acaso objetivo à análise desencarnada — tudo isso sendo verdadeiro, tanto para o pensamento selvagem quanto para o pensamento estrutural.

As escolhas epistemológicas de Lévi-Strauss não determinaram a estrutura de seu objeto. Isso concerne ao encontro, também muito casual, entre duas lógicas intelectuais. Uma e outra se articulam no interior de um inconsciente combinatório, do qual veremos adiante a proximidade com o transcendentalismo kantiano.[17]

Fica claro. A inteligência neolítica se constrói em oposição a inúmeros e nocivos hábitos filosóficos. Como lembra *Tristes trópicos*, a escolha da etnologia não deixa de ter relações com o despeito amoroso de um homem que se desejaria classificar como filósofo, se a forma de filosofia que lhe foi contemporânea não estivesse tão distante de seu modo intelectual. Os diferentes percursos que iremos agora propor, dedicados à relação de Lévi-Strauss com algumas figuras maiores da filosofia, não tem como objetivo fazê-lo retornar ao meio filosófico. Veremos preferencialmente em ação seu cuidado permanente em estabelecer fronteiras, que só é compreensível se as teses criticadas, porém muitas vezes recuperadas como ferramentas científicas, forem corretamente identificadas.

---

17. Sobre essa aproximação, remetemos ao texto de Paul Ricœur, "Structure et herméneutique", retomado em *Lectures 2. La Contrée des philosophes*, Paris, Points-Seuil, 1999.

V
O natural e o estrutural

Comecemos por aquele que terá mais obstinadamente sido o objeto de admiração de Lévi-Strauss. Um filósofo que o seduz tanto pelo esplendor de seu estilo quanto pela profundidade de suas intuições: Jean-Jacques Rousseau. Essa admiração por um pensador que nada tem de científico, e que frequentemente parece até mesmo pecar por sentimentalismo, poderia surpreender. Mas além da afinidade de escrita entre os dois homens, tão bem expressa nas páginas de *Tristes trópicos*, há entre eles uma convergência intelectual na compreensão do que é a própria ideia de natureza humana.

O que significa esse conceito em Rousseau? Não se trata de opor maciçamente a natureza e a cultura, nem como estágios sucessivos numa evolução cronológica, nem como degraus de civilização. A natureza é o tempo todo aquilo que desperta a nostalgia do homem cultivado, explicando assim que ele tem empatia com as mais modestas manifestações do espírito humano. O conceito de natureza tem, para esse autor, uma função normativa, dado que designa também o que a sociedade política deve transformar para que a ideia de humanidade se realize autenticamente num regime de plena liberdade. Nesse sentido, Philippe Descola tem razão de escrever:

O rousseaunismo militante do fundador da antropologia estrutural não poderia ser compreendido como uma tentativa de exumar, no pensamento das Luzes, as premissas de um dualismo da natureza e da sociedade que a antropologia do século XX teria recuperado por sua própria conta.[1]

Lévi-Strauss certamente utilizará, sobretudo no início de *As estruturas elementares do parentesco*, a dupla conceitual natureza/cultura. Mas ele irá lhe conferir uma função essencialmente metodológica, retirando progressivamente da palavra qualquer teor ontológico, o que Rousseau também faz quando nega a realidade empírica do estado de natureza.[2] Essa precisão é capital: não há em Lévi-Strauss, apesar do que algumas expressões deixariam suspeitar, crença num estado puro da natureza humana que se poderia *constatar* estudando os nambiquaras ou os caduveus.

Não se encontra nada além da cultura, servindo o conceito de natureza aqui para designar o conjunto das possibilidades humanas em que cada civilização irá escolher seu modo combinatório próprio. Se em algumas vezes há nostalgia em Lévi-Strauss, ela não se baseia no mito de um paraíso perdido ou de uma pureza original; trata-se mais de indicar, em certas populações, o modo cultural mais sensível à inserção do homem em seu meio ambiente. Esse modo não é natural, mas o é em uma intimidade específica com a natureza, dessa vez entendida como universo físico real. Segundo essa grade de análise, as grandes cidades da Ásia — lugar "de uma

---

1. P. Descola, *Par-delà Nature et culture*, Paris, Gallimard, 2005, p. 109.
2. J.-J. Rousseau, *Discours sur l'origine et les fondements de l'inégalité parmi les hommes*, Paris, GF, 1971, p. 158. [Ed. bras.: *Discurso sobre a origem e os fundamentos da desigualdade entre os homens*, trad. Laurent de Saes, São Paulo, Edipro, 2015.]

desvalorização sistemática do homem pelo homem"³ — representam a conclusão previsível de uma história que teria começado numa forma de harmonia, e que ainda está presente, apesar de frágil, no Brasil que tanto atrai Lévi-Strauss:

> O que me assusta, na Ásia, é a imagem de nosso futuro, antecipado por ela. Com a América indígena vislumbro o reflexo, fugidio mesmo lá, de uma era em que a espécie estava à altura de seu universo, e em que persistia uma relação adequada entre o exercício da liberdade e seus signos.⁴

A experiência etnológica real, a do Lévi-Strauss viajante e explorador, tenta compreender esse reflexo e, portanto, também o estado inicial que ele representa. A esse respeito, é significativo que o antropólogo faça referência a Rousseau na análise da sociedade dos nambiquaras, mais próxima que outras populações de uma forma de humanidade originária, que, apesar disso, não é uma natureza humana pura. Expliquemos um pouco mais as coisas, mesmo porque Lévi-Strauss é um tanto quanto ambíguo sobre esse ponto.

Em primeiro lugar, Lévi-Strauss observa que Rousseau tem mesmo razão em considerar que o contrato e o consentimento são formas primárias da vida social. Entretanto, a organização do poder e da designação do chefe repousam ainda mais fundamentalmente em "materiais psicológicos brutos, por meio dos quais toda sociedade se edifica".⁵ A natureza humana não é uma humanidade não social; ela é o outro nome desse conjunto das

---

3. C. Lévi-Strauss, *Tristes Tropiques*, op. cit., p. 140.
4. Ibidem.
5. Ibidem, p. 319.

condições não sociais de possibilidade da vida social que vamos reencontrar sob todas as organizações sociais, por vezes bem modificada e deformada por um sistema normativo complexo, e por vezes bem visível quando esse sistema é pobre. Assim, Lévi-Strauss se permite afirmar que o estado de natureza — sobre o qual Rousseau dizia que talvez não existisse —, ele o encontrou entre os nambiquaras:

> Eu havia buscado uma sociedade reduzida à sua mais simples expressão. A dos nambiquaras o era ao ponto que nela eu encontrava somente homens.[6]

Não há aqui uma infância de humanidade[7], mas a expressão simplificada da estrutura fundamental de toda humanidade organizada. A ideia de um estado de natureza só tem legitimidade porque nos dá a compreender o social; ela não tem sentido como conceito histórico, como observa Rousseau na citação que Lévi-Strauss coloca na abertura de seu grande texto programático "A noção de estrutura em etnologia".[8]

Lévi-Strauss considera, aliás, para além da contribuição metodológica que acabamos de estabelecer, que Rousseau é um dos primeiros pensadores a recusar claramente a oposição do sensível ao inteligível. Em suma: enquanto Lévi-Strauss tenta a conciliação pelo intelectualismo do conceito de estrutura, Rousseau a realiza

---

6. Ibidem, p. 320.
7. Ibidem, p. 271: "Os nambiquaras levam o observador àquilo que de boa vontade — mas erradamente — ele tomaria como sendo uma infância da humanidade."
8. C. Lévi-Strauss, *Anthropologie structurale*, op. cit., p. 329: "Não se deve tomar as pesquisas nas quais se pode entrar sobre esse tema como verdades históricas, mas somente como raciocínios hipotéticos e condicionais, mais próprios para esclarecer a natureza das coisas que para mostrar a verdadeira origem."

pela construção de uma forma elaborada de sentimento.⁹ Essa afinidade de princípio faz com que a relação de Lévi-Strauss com Rousseau não seja de ordem verdadeiramente intelectual. Há muito mais Freud ou Marx em Lévi-Strauss; mas, enquanto estes o fazem pensar, Rousseau o agita e o incendeia.¹⁰ Sentimos bem isso nos textos que lhe dedica, pois fica patente a vontade de reabilitar esse autor que frequentemente foi mal compreendido ou rotulado sob um sentimentalismo um pouco simplório:

> Rousseau, o mais etnógrafo dos filósofos: apesar de ele jamais ter viajado para terras longínquas, sua documentação era tão completa quanto possível para um homem de seu tempo, e ele a vivificava — diferentemente de Voltaire — por uma curiosidade plena de simpatia pelos costumes camponeses e pelo pensamento popular; Rousseau, nosso mestre, Rousseau nosso irmão, em relação a quem mostramos tanta ingratidão, mas a quem cada página deste livro teria sido dedicada, se a homenagem não tivesse sido indigna de sua grande memória.¹¹

Rousseau tem razão contra Diderot, ao não glorificar o estado de natureza; também tem razão contra Voltaire, ao exigir uma verdadeira simpatia do pesquisador por seu objeto. Ele tem razão ainda quando identifica um estilo de vida, que hoje chamaríamos de *neolítico*, com uma forma básica de estado de sociedade. Por fim, tem razão de considerar, à luz da moral, que o homem teria sido

---
9. C. Lévi-Strauss e D. Eribon, op. cit., p. 232.
10. Ibidem, p. 234: "Minhas relações com Rousseau são ambíguas. Marx e Freud me fazem pensar. Com a leitura de Rousseau, eu me inflamo."
11. C. Lévi-Strauss, *Tristes Tropiques*, op. cit., p. 418.

mais feliz ao permanecer a meio caminho entre esse estado inicial e a sociedade dita "civilizada".

Em outras palavras: Rousseau é etnólogo ao se atribuir como tarefa identificar um homem natural *no* homem social, e em seguida ao assumir metodologicamente como objeto as sociedades mais distanciadas da nossa. Essa ampliação progressiva da experiência etnográfica permitirá finalmente identificar esses princípios da vida social que toda humanidade contém, sob a proteção das instituições mais diversas[12], e que Lévi-Strauss, em conformidade com o projeto rousseauniano, considera como universais.

Dois textos completam esse quadro de admiração. Encontramos em *Totemismo hoje* uma reflexão sobre o *Discurso sobre a origem da desigualdade*, que vê nessa última obra uma prefiguração longínqua, 1754, dos trabalhos que Radcliffe-Brown dedicará a esse tema em "The Sociological Theory of Totemism" (1929). A intuição de Rousseau teria sido compreender, "na apreensão da estrutura 'específica' do mundo animal e vegetal efetuada pelo homem, a fonte das primeiras operações lógicas e, subsequentemente, aquela de uma diferenciação social que só pode ser vivida sob a condição de ser concebida".[13]

O argumento é o seguinte. Rousseau compreendeu a gênese da cultura a partir de um estado psíquico indissociavelmente afetivo e intelectual: a piedade. A partir desse sentimento originário, pelo qual o homem se sente idêntico aos outros homens, mas também idêntico aos animais, a cultura procede à distinção das espécies, e em

---

12. Ibidem, p. 421.
13. C. Lévi-Strauss, *Le Totémisme aujourd'hui*, in: Œuvres, op. cit., p. 542. [Ed. bras.: *Totemismo hoje*, trad. Malcolm Bruce Corrie, Petrópolis, Vozes, 1975.]

seguida à distinção social. O totemismo é a chave desse duplo processo — de identificação e em seguida de diferenciação —, e diz respeito a uma lógica simbólica que constitui a certidão de nascimento da razão. Antes, então, da cultura e do refinamento de seu intelectualismo, o totemismo é uma prefiguração poética do sistema de distinções do qual provém o social.

Se a contribuição rousseauniana está tecnicamente bem delimitada nesse último texto, Lévi-Strauss reivindica de modo mais amplo e mais generoso sua ligação com Rousseau numa conferência que pronuncia na terra natal deste, Genebra, em 28 de junho de 1962, no 250º aniversário de seu nascimento. Rousseau é inicialmente descrito como o profeta da etnologia, e mesmo como seu fundador. De fato, ele o é concretamente pelo retrato que elabora sobre o estado da natureza em Discurso sobre a origem da desigualdade. Também o é teoricamente por estas palavras admiráveis de *Ensaio sobre a origem das línguas*:

> Quando se deseja estudar os homens, é preciso olhar perto de si; mas, para estudar o homem, é preciso aprender a dirigir o olhar para longe; é preciso primeiramente observar as diferenças para poder descobrir as propriedades.

A intuição de Rousseau é também o resultado de um insucesso das filosofias do sujeito. Ele compreendeu que não se poderia fundar as ciências humanas tendo como base um sujeito transparente a si mesmo, como o sujeito cartesiano, mas que, ao contrário, seria preciso distanciar-se de si para perceber em si mesmo um "ele", uma humanidade que me atravessa e que eu não fundo, uma humanidade que só tem sentido nas sociedades e nas civilizações. Se, como vimos, sou parte de um todo por meio da piedade, devo recusar uma identificação comigo mesmo rápida demais, o que é confirmado pelo empreendimento moral das *Confissões*.

O olhar etnológico nasceu quando um homem, e dos maiores, recusou as identificações formais que uma filosofia cartesiana exigia de todo pensamento. Ele apareceu quando outra identificação, simultaneamente carnal e intelectual, a da piedade, fundou a unidade da qual todas as distinções posteriores tiraram sua significação. A piedade funcionou como um cadinho "em que se unem os seres que o amor-próprio dos políticos e dos filósofos se esmera, em todo canto, para tornar incompatíveis: eu e o outro, minha sociedade e as outras sociedades, a natureza e a cultura, o sensível e o racional, a humanidade e a vida".[14]

---

14. C. Lévi-Strauss, *Anthropologie structurale deux*, op. cit., p. 56.

VI
O transcendental e o estrutural

Certas influências jamais são reivindicadas. A que o kantismo manifestamente exerceu sobre Lévi-Strauss não oferece, nos textos, um reconhecimento explícito de dívida, e ainda menos um exercício de admiração como aquele ao qual Rousseau tem direito. Sendo assim, não vamos forçar Lévi-Strauss a confessar algo que ele não quis dizer, mas somente nele indicar aquilo que ultrapassa o efeito bastante comum de uma formação universitária impregnada de criticismo, diferindo em nada a de Lévi-Strauss da formação de todos os pensadores de sua geração.

Trata-se aqui de recuperar certas analogias conceituais que nos parecem esclarecer o trabalho de Lévi-Strauss. Apesar de o estruturalismo não ser um kantismo, podemos considerar que o próprio conceito de estrutura se baseia parcialmente naquilo que Kant chama, a partir da *Crítica da razão pura*, o transcendental. Com esse termo, ele designa as condições de possibilidade *a priori* da experiência.

Em Kant, a noção de *a priori* jamais significa somente o mesmo que significa na linguagem comum: caráter do que precede a experiência. A relação entre um conceito *a priori* e a experiência é muito mais complicada e diversificada que uma simples anterioridade temporal: trata-se primeiramente de uma anterioridade lógica. Daí decorre que se lhe pode atribuir duas qualidades específicas: em primeiro lugar, o *a priori* torna possível a experiência; em seguida, ele a estrutura.

Isso quer dizer, ao menos no que concerne à razão teórica, que os conceitos *a priori* constitutivos da metafísica da natureza são ao mesmo tempo as condições de possibilidade de uma experiência do mundo e as próprias leis desse mundo, entendido como conjunto de fenômenos experimentais. Essa identificação está longe de ser anódina, dado que significa que uma característica essencial de nossa faculdade de conhecer se torna a lei estruturante de seu objeto: o mundo. As leis de compreensão *são* as leis da natureza, e sua distinção depende apenas do ponto de vista: se nos atemos à dimensão subjetiva do conceito ou ao seu poder de objetivação.

A introdução de *Crítica da razão pura* traz, sobre esse ponto, preciosos esclarecimentos. Kant afirma — e essa observação vai no sentido que acabamos de indicar — que por conhecimentos *a priori* ele entende "não aqueles que ocorrem independentemente de uma experiência ou outra, mas daqueles que são absolutamente independentes de qualquer experiência".[1] A independência em relação a esse fator de incerteza que é a experiência sensível confere aos conceitos *a priori* duas qualidades específicas que não podemos encontrar em nenhum outro lugar. A tal ponto que Kant considera que a pesquisa dessas duas qualidades em todo conhecimento nos permite decidir com certeza absoluta se o conhecimento em questão é *a priori* ou *a posteriori*.

O primeiro desses traços próprios ao *a priori* é sua necessidade; o segundo, sua universalidade. Por quê? Simplesmente porque a experiência sensível não pode ir

---

1. I. Kant, *Critique de la raison pure*, Introduction, B 3, AK III, 28, in: *Œuvres philosophiques*, op. cit., t. I, p. 758.

além do fato. Ela pode nos mostrar que um fenômeno se produz de uma maneira ou de outra; no melhor dos casos, pode estabelecer algumas generalidades; mas não pode, em nenhum caso, afirmar que certo fenômeno ou outro *deve* se produzir de tal maneira ou de tal outra. Desde que haja necessidade, já há algo além da experiência, isto é, um conceito que a torna possível e a estrutura, o *a priori*. O mesmo ocorre com a universalidade: certamente a experiência pode produzir uma universalidade relativa ou comparativa; ela não é capaz de estabelecer uma universalidade verdadeira ou rigorosa; precisa-se novamente de um novo conceito, o do *a priori*. Kant conclui:

> Necessidade e universalidade rigorosas são, então, características certas de um conhecimento *a priori*, e também são inseparáveis.[2]

Qualificaríamos assim de filosofia transcendental todo pensamento que se propõe a identificar as invariantes estruturais do conhecimento humano. Essa determinação se aplicaria a Lévi-Strauss? No sentido estrito, nada autoriza tal aproximação, pela simples e decisiva razão de que a estrutura só se elabora na e pela experiência concreta do etnólogo, e que, portanto, ela não a precede.

O transcendental teria uma significação se lhe retirarmos seu caráter *a priori*? Para Kant, não, mas não se está proibido de atenuar sua definição, e de aplicar o termo a qualquer sistema de invariantes que constituem a significação essencial de um conjunto empírico — sob a condição de que esse sistema seja parcialmente independente

---

2. Ibidem, Introduction, B 4, AK III, 29, in: *Œuvres philosophiques*, op. cit., t. I, p. 759.

daquilo que ele estrutura, e que as relações entre esses diferentes elementos possam ser retranscritas sob a forma de um processo combinatório. Podemos então falar de uma forma de transcendentalismo na arqueologia do saber, tal como elaborada por Foucault, ou do empirismo transcendental de Deleuze. O caso de Lévi-Strauss talvez seja mais simples que esses dois exemplos, dado que ele reivindica uma cientificidade explícita e que, como Kant, busca elaborar o universal, mesmo que se trate de um universal concreto.

A fórmula talvez seja significativa: "Sou um kantiano vulgar e, ao mesmo tempo, talvez, um estruturalista de nascença."[3] As duas partes dessa frase devem ser interpretadas juntas: diremos então que o fundo natural do estruturalismo e seu próprio espírito dizem respeito a um kantismo vulgar; ou, ainda, que o estruturalismo é natural ao espírito de Lévi-Strauss naquilo que ele é espontaneamente kantiano. Além do caráter um tanto quanto provocador da fórmula, podemos compreender essa vulgaridade do kantismo lévi-straussiano como uma forma de psicologia universalista do pensamento humano tal como ele se solidifica em suas manifestações culturais.

Dito de outra forma: a estrutura é análoga às categorias kantianas — no sentido de que, como estas, se impõe a uma realidade que, sem ela, não é compreensível. O fato de que Kant considere essas invariantes como *a priori* em nada muda o panorama. A estrutura contém mesmo um elemento de transcendentalidade, dado que sem ela não se pode apreender a realidade, mesmo que ela provenha da análise dessa própria realidade. Sobre a questão de saber o que ele reteve de Kant, Lévi-Strauss respondeu naturalmente:

---

3. C. Lévi-Strauss e D. Eribon, op. cit., p. 152.

Que o espírito tem suas restrições, que ele as impõe a um real para sempre impenetrável, e que só o apreende por meio dela.[4]

Um pouco adiante na mesma entrevista, Lévi-Strauss refina sua posição ao se qualificar de hiperkantiano.[5] Inicialmente isso significa que ele está de acordo com Kant para considerar que o conhecimento humano é finito, que é deficiente por suas antinomias próprias, e que a realidade em si mesma nos será inacessível para sempre. Em suma, Lévi-Strauss reivindica todos os resultados de *Crítica da razão pura*. Contudo, enquanto Kant pretende que o campo da moral, como campo da liberdade, escape a essas restrições e ofereça um acesso ao absoluto, Lévi-Strauss estende a todos os territórios da reflexão a finitude que Kant reserva para a ciência. Hiperkantiano naquilo mesmo que os princípios do kantismo — o primado da prática e o caráter não criticável do dispositivo crítico — se veem submetidos aos conhecimentos do kantismo, donde certa desesperança intelectual e a convicção de que nada restará do homem.

Kantismo vulgar, hiperkantismo. Poderíamos adicionar, segundo a intuição de Ricœur, kantismo do inconsciente. A estrutura é um transcendental inconsciente, do mesmo modo que a gramática o é no uso comum da língua. Se o transcendental é inconsciente, isso significa também que ele não tem necessidade de ser retomado na unidade de um sujeito. O estruturalismo seria então um transcendentalismo "sem sujeito transcendental", a pesquisa dos elementos universais que tornam possíveis e pensáveis as civilizações em sua diversidade sem que, ao

---

4. Ibidem.
5. Ibidem, p. 224.

mesmo tempo, esses elementos devam aparecer para a consciência daqueles que os implementam.

Ricœur deplora essa recusa da consciência e considera que ela é a razão maior do insucesso filosófico do estruturalismo:

> Por falta dessa estrutura de acolhimento, que de minha parte concebo como uma articulação mútua da reflexão e da hermenêutica, a filosofia estruturalista me parece condenada a oscilar entre vários esboços de filosofias. Por vezes, diríamos um kantismo sem sujeito transcendental, ou até mesmo um formalismo absoluto.[6]

A crítica não procede, pois Lévi-Strauss não tem a intenção de propor uma filosofia. Mas a descrição é justa, e Lévi-Strauss aceita essa definição de seu trabalho na abertura de *Mitológicas*, mas sempre preservando sua diferença.

Contra a hipótese kantiana de um entendimento universal, o estruturalismo se atém ao estudo de entendimentos coletivos, tais como se concretizam nas práticas e nos sistemas de representações. Contra a redução kantiana do pensamento ao "*meu*" pensamento, o estruturalismo de Lévi-Strauss buscará compreender as lógicas mais distanciadas da nossa, na esperança de que o intervalo assim criado abra o espaço das combinações mais diversificadas. Em Kant, o universal se dá por um aprofundamento crítico do pensamento. Em Lévi-Strauss, ele se dá na ampliação real de meu pensamento nas dimensões do mundo. Contudo, nos dois casos há, ao termo do exercício, "uma rede de restrições fundamentais e comuns", "as articulações do esqueleto", os "lineamentos

---

6. P. Ricœur, op. cit., p. 375.

de uma estrutura anatômica geral".[7] O *a priori* está perdido, mas não aquilo que o caracterizava: o necessário e o universal.

Lévi-Strauss vai mais longe que Ricœur na aproximação: o estruturalismo, devido à sua abertura etnográfica, instaura sistemas de convertibilidade dos discursos de verdade entre as civilizações. O universal concreto está aí, nessa curiosa junção do formalismo mais extremo e do empirismo mais declarado. Não há pensamento universal, mas há um inconsciente realmente coletivo que organiza as lógicas próprias de cada cultura e suas relações recíprocas, uma e outra dependendo ontologicamente de um sistema transcendental autônomo em relação a um sujeito pensante qualquer.

A mitologia é o lugar em que esse pensamento objetivante se dá mais manifestamente. Nela, e voltaremos a isso, se elabora inconscientemente e, portanto, sem sujeito "o sistema dos axiomas e dos postulados que definem o melhor código possível, capaz de dar uma significação comum às elaborações inconscientes, que são o fato de espíritos, de sociedades e de culturas escolhidos dentre aqueles que oferecem, um em relação aos outros, o maior distanciamento".[8]

Concluiremos aqui então sobre a existência de um transcendentalismo lévi-straussiano. O programa kantiano é respeitado em seu próprio espírito, mesmo que tenha sido evidentemente reformulado. Nossa hipótese é que ele se encontra ainda reforçado no suplemento de materialidade concreta que o positivismo de Lévi-Strauss lhe oferece.

---

7. C. Lévi-Strauss, *Le Cru et le cuit*, op. cit., p. 19.
8. Ibidem, p. 20.

VII
Uma antropologia da suspeita

A escolha do embaraço[1]

O estruturalismo de Lévi-Strauss é uma antropologia da suspeita, pela filiação, dessa vez reivindicada, que ele pretende manter com os pensamentos de Nietzsche, Marx e Freud. Antes de estabelecer a natureza específica dessa relação, convém precisar o que geralmente é entendido como "suspeita".

A localização das diferentes figuras do embaraço intelectual seria instrutiva. Ela desenharia, por meio da história da filosofia e de seus triunfos, uma pequena história do insucesso e da tristeza. Certamente veríamos alguns episódios platônicos, ou melhor, socráticos, quando os interlocutores de Sócrates, conscientes da aporia a que sua ironia os levou, perdem o pé, se irritam ou o abandonam.[2] Encontraremos, ao lado da metáfora do afogamento cartesiano[3] no início da segunda *Meditação*

---

1. No original, "*embarras*", que também pode significar "obstáculo", "dilema", "estorvo", "apuro", confusão", etc.
2. Cf., entre outros, *Menon* ou *Górgias*.
3. R. Descartes, *Méditations métaphysiques*, éd. Adam-Tunnery, t. IX, p. 19. [Ed. bras.: *Meditações metafísicas*, trad. Edson Bini, São Paulo, Edipro, 2016.] Nessa célebre passagem, Descartes se pergunta se, depois de

metafísica, o efeito esperado da dúvida, quando ela é, como em Descartes, séria e metodicamente conduzida. Veremos, por fim, a douta imagem de Kant, afligido pelo estado da metafísica de sua época, ou talvez esse mesmo autor surpreendido com os resultados de seu próprio empreendimento crítico.[4]

Mas há filósofos que não viram o embaraço como uma etapa para o reconforto final da necessidade e da segurança. Qualificamos de mestres da suspeita os pensadores que, não contentes em implementar a ironia, a dúvida e a crítica, deram os golpes mais fortes na própria fonte dessas três faces da reflexividade filosófica. Uma filosofia da suspeita é digna desse nome quando recusa, por princípio, o repouso da fundação, os direitos da razão e a capacidade do pensamento em construir sua própria legitimidade.

Marx, Nietzsche, Freud, em graus e segundo fórmulas muito variadas, conduziram bem essa tarefa: solapar a filosofia em suas pretensões de autoridade intelectual. Vemos o que disso resulta para nosso embaraço: longe de ser o efeito secundário ou a passagem obrigatória de uma busca da verdade, a completa angústia do afogado se torna o próprio objeto da filosofia, além de ser a marca de seu paradoxal êxito. Escrever uma filosofia da suspeita equivale a prosseguir na via do desconforto e da apreensão. Não por masoquismo ou por gosto do insucesso, mas em virtude de uma conduta fundamental do pensamento — em relação ao real em geral, em relação a

---

ter sistematicamente destruído os fundamentos usuais do saber, ele vai por fim poder se apoiar sobre um solo suficientemente sólido.

4. Kant, desejando restaurar o caráter científico da metafísica, também assinou a certidão de óbito de qualquer pretensão ao conhecimento da alma ou de Deus. Um efeito destruidor, do qual ele não havia medido o impacto.

si mesma, em relação à filosofia e talvez até mesmo em relação à ciência.

Em conformidade com a terminologia nietzschiana, poderíamos chamar tal atitude de "probidade". O que Nietzsche entende por esse termo? Para explicar rapidamente, Nietzsche considera que todos os conceitos fundamentais da filosofia, mas também todas as formas canônicas e tradicionais da normatividade moral ou religiosa, devem ser analisados da seguinte forma: em primeiro lugar, perguntar-se de onde provém o conceito, quem o forjou e a quem sua invenção traz proveito; em seguida, virar a mesa dos valores assim questionados com um gesto violento — um golpe de martelo — para em seu lugar estabelecer a preponderância da vida e sua afirmação sobre todas as figuras do acabrunhamento da existência: consciência, ressentimento, culpabilidade.

A probidade é a virtude própria do filósofo, quando ele renuncia ao conforto que a filosofia, tal como ela se tornou, lhe oferece. Também, mas é só mais um exemplo, seria preciso preferir a dor de uma necessidade absoluta, que se aplica a todos os nossos atos, ao charme intenso e doce da crença na liberdade à qual ainda se agarram Descartes, Kant e seus epígonos. Também será necessário substituir a felicidade da verdade pela certeza de que a objetividade não é nem possível, nem desejável, contrariamente ao que esses mesmos pensadores se obstinam em defender.

A suspeita não é nem o coroamento da filosofia, nem sua figura última, nem o motivo de seu fim. Ela é a explicitação da visada filosófica e, portanto, sua apresentação mais manifesta, na carência, uma vez mais, de ser sua realização. Ela toma materialmente uma dupla forma, a de uma *disposição*, em primeiro lugar; e a de um *dispositivo*, em seguida.

Qualifica-se comumente de "disposição" a feliz tendência que um indivíduo manifesta em relação a uma atividade determinada. O próprio termo supõe certa naturalidade, ou até mesmo o caráter instintivo da inclinação, que pode inclusive confinar com a pulsão. Aplicada ao nosso caso, essa definição faz da suspeita a expressão de um movimento geral da filosofia em relação às situações de sofrimento e de embaraço. É certamente o gosto pelo perigo, mas uma motivação ainda mais interior, que impede qualquer forma de posição, de estatuto ou de tranquilidade.

Contudo, longe de deixar livre curso a essa tendência natural, a filosofia tende a civilizá-la, muito mais para lhe dar uma eficácia suplementar que para frear o movimento. A disposição se faz dispositivo, se estrutura, se organiza, inventa suas ferramentas, cria seus conceitos e se faz sistema no próprio lugar em que contesta a validade de qualquer sistema.

Lévi-Strauss se inscreve em tal projeto, não como filósofo, mas como antropólogo e, portanto, como cientista.

Nietzsche

Para justificar o título deste capítulo, teria sido útil dispor de algumas menções, ainda que marginais, de Nietzsche, ou até mesmo de uma referência explícita de sua contribuição para a história do pensamento. Não será o caso. Notaremos de saída que os desenvolvimentos dedicados aos filósofos não são tão numerosos em Lévi--Strauss, excetuando-se Rousseau; a isso se junta sem dúvida a ausência total de afinidade psicológica entre Lévi-Strauss e Nietzsche, devido ao fato de que o cuidado escrupuloso para fazer uma obra científica está longe de um método como o de Nietzsche, que certamente é racional, mas também irônico e violento, ao menos em sua formulação. Nesse aspecto, o caso de Lévi-Strauss é bem diferente dos de Foucault, Deleuze ou Derrida, nos quais são abundantes as referências nietzschianas. Não obstante, tentemos uma aproximação.

A suspeita antropológica deve ser aqui compreendida como a implementação de uma dúvida filosófica que se exerce pela ampliação do pensamento. A crítica das pretensões de nossa lógica a se dar como universal não se faz então na elaboração genealógica de suas condições fisiológicas de emergência — o que Nietzsche teria feito. Pode-se obter o mesmo resultado de maneira diferente, pelo estudo daquilo que está distanciado, sendo essa distância, como vimos, constitutiva do leque de possibilidades lógicas e culturais oferecidas à humanidade.

Lévi-Strauss, se aceitarmos tal torção da terminologia, procede a uma genealogia espaço-geográfica: destituir de sua primazia a lógica ocidental a partir de outra forma de lógica, entendendo-se que o laço entre essa lógica e a minha obedece, por sua vez, a uma estrutura universal. Um pensamento da suspeita não faz o papel do irracional contra a razão, mas o de uma racionalidade contra outra, dispositivo facilmente reconhecível em Marx ou Freud.

Marx

A relação de Lévi-Strauss com essas duas últimas figuras é muito mais fácil de ser estabelecida. Ele reconhece de bom grado que seu pensamento se apoia, ao menos em parte, em elementos marxistas e freudianos. Consideremos primeiramente o caso de Marx. É preciso distinguir uma influência política, evidente nos engajamentos socialistas do jovem Lévi-Strauss, de sua influência filosófica e epistemológica. O próprio Lévi-Strauss nos explica o primeiro ponto: ele havia escolhido Marx como tema de sua dissertação de estudos superiores; a descoberta desse autor havia sido um choque para ele; e acrescenta: "Eu me via perfeitamente como um futuro filósofo do partido socialista."[5] A segunda influência é muito mais profunda. Próximo de Freud nesse aspecto, Marx é habitado pela convicção de que todo comportamento, sobretudo os fenômenos coletivos, obedece a uma lógica racional, cujo caráter primeiramente pouco aparente não deve nos levar a concluir sobre uma ausência de estrutura.

Mais precisamente:

> Marx foi o primeiro a usar sistematicamente nas ciências sociais o método dos modelos. O capital inteiro, por exemplo, é um modelo construído no laboratório, para em seguida confrontar os resultados com os fatos observados. Eu também encontrava em Marx essa ideia fundamental: não podemos compreender o que ocorre na cabeça dos homens sem relacionar isso com as condições de sua existência prática.[6]

Contribuição metodológica dupla: ter compreendido que o real só adquire significação em sua confrontação com formas abstratas; ter estabelecido o laço entre o espírito e a materialidade, graças à sua teoria da ideologia. Lévi-Strauss especifica bem depressa que há um laço entre esse marxismo epistemológico e seu kantismo vulgar, como se houvesse curiosamente o encontro do universal concreto das estruturas antropológicas, do universal abstrato do transcendental e da solidez concreta da infraestrutura econômico-social. Esse último termo, frequentemente usado por Lévi-Strauss, permite

---

5. C. Lévi-Strauss e D. Eribon, op. cit., p. 26.
6. Ibidem, p. 152.

indicar uma parte dos elementos que determinam a natureza e a forma de um mito. Mas a relação entre infraestrutura e ideologia, que Marx concebia segundo uma causalidade unilateral e direta, toma aqui uma forma mais complexa.

Vejamos o mito dos índios seechelt sobre os salmões. A presença dos salmões no mito não significa que esse peixe está empiricamente presente em suas vidas. O estudo de suas condições de vida e o desaparecimento efetivo dos salmões não determinam *a priori* uma forma mítica previsível. Por outro lado, podemos inscrever num sistema de determinações recíprocas, e em seguida de transformações, esses dois dados: a ausência de salmões na infraestrutura econômica e sua presença no mito. Leiamos aqui algumas linhas de *Le Regard éloigné*:

> Um modelo mítico desmentido pela experiência não desaparece pura e simplesmente. Ele também não muda num sentido que o aproximaria da experiência. Prossegue sua existência própria e, caso se transforme, essa alteração satisfaz não às restrições da experiência, mas àquelas do espírito, que são independentes das primeiras.[7]

Não há uma ruptura com a explicação marxista, mas uma retomada refinada que a integra num quadro mais amplo. Os dois volumes de *Antropologia estrutural* ainda particularizarão a natureza especial da contribuição marxista. Desde a introdução do primeiro tomo, Lévi-Strauss propõe uma interpretação bem surpreendente da fórmula: "Os homens fazem sua própria história, mas não sabem o que fazem". Ele atribui aqui a duas disciplinas concorrentes cada uma das partes da frase. Os historiadores teriam como objetivo elaborar as condições materiais

---

7. C. Lévi-Strauss, *Le Regard éloigné*, op. cit., p. 157.

dessa fabricação da história, dedicando-se àquilo que constitui a singularidade do acontecimento. Os etnólogos, por sua parte, devem analisar o inconsciente dos atores, no sentido de um sistema estruturado de afetos que determinam sua vida histórica.

A etnologia procede ao inverso da história em sua abordagem dos fenômenos sociais, e busca, "por uma espécie de marcha regressiva, eliminar tudo o que eles devem ao acontecimento e à reflexão".[8] A citação de Marx é apenas um pretexto; podemos considerar que o próprio Marx procede a esse duplo trabalho quando tenta, como em *O 18 de brumário de Luís Bonaparte*, dar conta fielmente dos fatos, esclarecendo a lógica econômica e social que lhe dá razão. A interpretação de Marx permite que Lévi-Strauss, enfim, nos forneça uma das mais belas definições da estrutura:

> Um inventário de possibilidades inconscientes, que não existem em número ilimitado, cujo repertório e relações de compatibilidade ou de incompatibilidade, que cada uma mantém com todas as outras, fornecem uma arquitetura lógica para desenvolvimentos históricos que podem ser imprevisíveis, sem jamais ser arbitrários.[9]

Mais adiante encontramos o mesmo procedimento de exploração de uma ideia marxista desviada de sua vocação primeira. Lévi-Strauss se baseia no que Marx diz da função simbólica do ouro e da prata num sistema de troca para avaliar a legitimidade de uma ampliação de toda a vida social dessa teoria das trocas. O social é estruturado por relações simbólicas que frequentemente se solidificam em objetos e em instituições. Compreendemos

---

8. C. Lévi-Strauss, *Anthropologie structurale*, op. cit., p. 37.
9. Ibidem.

então — graças, pelo menos em parte, a uma instituição marxista — que a antropologia possa ser definida como uma teoria geral das relações.[10]

Por fim, Lévi-Strauss utiliza um aspecto diferente do pensamento de Marx, a saber, sua análise do desenvolvimento técnico e industrial do mundo ocidental. Marx soube, coisa rara em seu tempo, identificar na contribuição das civilizações primitivas as condições do progresso do Ocidente, mas principalmente compreendeu que a industrialização "é uma função, e um resultado indireto, da condição das sociedades ditas 'primitivas', ou, mais exatamente, da relação histórica entre elas e o Ocidente".[11]

Nesse caso, Marx faz um trabalho etnográfico: sua análise permite compreender como em qualquer cultura se organizam as relações entre trabalho, mais-valia e necessidade de uma industrialização; ele nos dá a ver por que podemos definir o capitalismo como a aplicação, aos povos ocidentais, da apropriação do trabalho que esses mesmos povos impingiram aos povos dos países colonizados. Nesse sentido, "a relação entre o capitalismo e o proletário nada mais é que um caso particular da relação entre o colonizador e o colonizado".[12] Uma vez mais, teoria englobante das relações, ou antropologia.

Freud

É difícil estabelecer uma hierarquia entre Freud e Marx em sua influência comum sobre Lévi-Strauss. Eles são, aliás, tratados conjuntamente, como se um, Freud,

---
10. Ibidem, p. 115.
11. C. Lévi-Strauss, *Anthropologie structurale deux*, op. cit., p. 367.
12. Ibidem, p. 368.

tivesse sabido dizer, no nível individual, uma determinação estrutural que o outro, Marx, tivesse percebido no nível coletivo.

A contribuição freudiana é, em primeiro lugar, sua concepção específica do inconsciente. Temos muita dificuldade em imaginar como Lévi-Strauss teria podido construir seu modelo de inconsciente estrutural fora ou antes que Freud houvesse retirado esse conceito dos limbos da indeterminação a que as filosofias da consciência o tinham relegado.

O inconsciente não é a ausência de consciência, mas outra sistematicidade completamente diferente, subjacente, nisso, a todas as formas lógicas e simbólicas que se possam elaborar. Essa intuição, formulada na "Introdução à obra de Marcel Mauss", tem uma função originária na construção do método antropológico. De fato, é inconcebível que o encontro com outra cultura produza mais que um choque das subjetividades se não houver entre nós uma forma de espaço comum. Este não diz respeito à cultura, mas sim à estrutura, isso que Lévi-Strauss chama ainda aqui de "as leis da atividade inconsciente".[13] A posição de um inconsciente mental torna possível aquela de um inconsciente estrutural que é, ao mesmo tempo, o objeto e a condição de possibilidade da etnologia.

A psicanálise intervém explicitamente no autorretrato intelectual que Lévi-Strauss produz em *Tristes trópicos*. O ensino de Freud, ao mesmo tempo que a descoberta da linguística saussuriana, servirá aqui de instrumento de destruição das antinomias filosóficas. Lévi-Strauss, formado no exercício da dissertação clássica e no seu princípio binário, toma então consciência de que essas

---

13. C. Lévi-Strauss, "Introduction à l'œuvre de Marcel Mauss", op. cit., p. XXX.

oposições só têm sentido e só ultrapassam o jogo gratuito se sobre elas, e antes delas, trabalhar um sistema de significações "que é a mais elevada maneira de ser racional".[14]

A obra de Freud revela esse sistema significante, que compreende ao mesmo tempo o sujeito e o objeto analíticos. Ela pode ser entendida, segundo uma analogia audaciosa, "como a aplicação ao homem individual de um método cuja genealogia representa o cânone".[15] Nos dois casos, o pesquisador deve primeiramente observar a superfície com talento e sensibilidade; em seguida, ele projetará no tempo as propriedades observadas num primeiro momento, para atingir a camada do real não aparente que explica o aparente. Nisso, a geologia e a psicanálise podem ser aproximadas de uma das intuições maiores do marxismo:

> Todas as três demonstram que compreender consiste em reduzir um tipo de realidade a outro; que a realidade verdadeira jamais é a mais manifesta; e que a natureza do verdadeiro já transparece no cuidado que ele tem para se dissimular.[16]

A conclusão desse propósito é essencial: essas três disciplinas — e o estruturalismo, que lhe é fiel nesse ponto — visam a um super-racionalismo que integra o sensível e o racional num sistema explicativo mais vasto.[17] Podemos conceber uma colaboração entre a etnologia e a psicanálise, mas apenas no nível metodológico: seria

---

14. C. Lévi-Strauss, *Tristes Tropiques*, op. cit., p. 44.
15. Ibidem, p. 45.
16. Ibidem, p. 46.
17. Isso também pode ser visto na entrevista de Lévi-Strauss concedida a Raymond Bellour (op. cit., p. 202): "Aí estão lições intelectualistas e racionalistas em que o desejo não tem grande coisa a ver."

completamente ilegítimo preencher as lacunas da explicação do social inspirando-nos em trabalhos que tomam exclusivamente por objeto os indivíduos.[18]

É preciso opor a esse quadro de admiração algumas reticências que intervêm num contexto muito diferente, no cerne da análise do totemismo funcionalista[19], em *Totemismo hoje*.

> Inversamente ao que Freud sustenta, as restrições sociais, positivas e negativas, não se explicam, nem quanto à sua origem, nem quanto à sua persistência, pelo efeito de pulsões ou de emoções que reaparecem com os mesmos caracteres, no decorrer de séculos e de milênios, em indivíduos diferentes. Pois se a recorrência dos sentimentos explicasse a persistência dos costumes, a origem dos costumes deveria coincidir com o aparecimento dos sentimentos, e a tese de Freud não seria modificada, mesmo que o impulso parricida correspondesse a uma situação típica, em vez de um acontecimento histórico.[20]

Observamos o ponto de ruptura. Lévi-Strauss recusa a ideia de uma origem identificável dos costumes, e ainda mais sua localização única em um só dado analítico. Dito de outra forma: as práticas e as normas não são simplesmente a expressão de fenômenos pulsionais interiores. Podemos mesmo dizer o contrário: o homem é

---

18. Ibidem, p. 204: "Nada seria mais ocioso, ao menos para a etnologia, que se permitir suplementar as lacunas de sua rede nela enfiando elementos emprestados de outra."
19. Na etnologia, o funcionalismo designa o método que consiste em explicar a gênese e a constituição das práticas sociais a partir da função que elas ocupam na sociedade estudada. Lévi-Strauss irá se afastar continuamente desse procedimento, indicando suas insuficiências epistemológicas.
20. C. Lévi-Strauss, *Le Totémisme aujourd'hui*, op. cit., p. 515.

inicialmente colocado num sistema de normas, sem origem, que engendram normas interiores, e elas próprias determinam os sentimentos. Se não complicarmos assim as relações de causalidade entre o interior e o exterior, jamais compreenderemos como uma norma social pode subsistir, conquanto o sentimento que se supõe tê-la feito nascer tenha desaparecido totalmente. O estruturalismo não rejeita a aproximação analítica enquanto tal; mas ele a insere num conjunto mais vasto, em que a causalidade funciona nos dois sentidos, e em que os estratos postos em relação conservam uma autonomia parcial de funcionamento.

A segunda crítica que Lévi-Strauss faz a Freud surge na análise estrutural dos mitos. Todavia, antes de precisar suas reticências, Lévi-Strauss sublinha, segundo um dispositivo que já encontramos várias vezes, a afinidade de estrutura entre a abordagem analítica e o sistema das transformações míticas.

O pensamento mítico, como qualquer outra forma de lógica, se constrói escolhendo um código dentro de um leque finito de possibilidades. Ele elabora nessa escolha um metacódigo, produzido por uma espécie de finalidade inconsciente.[21] Por sua vez, esse metacódigo parece estruturado, nos mitos aqui tratados — o do Curiango e o do Preguiçoso[22] —, pela relação entre o caráter oral e o caráter anal. Em outras palavras: poderíamos afirmar "que existe uma correspondência entre a vida psíquica dos

---

21. C. Lévi-Strauss, *La Potière jalouse*, in: *Œuvres*, op. cit., p. 1202. [Ed. bras.: *A oleira ciumenta*, trad. Beatriz Perrone-Moisés, São Paulo, Brasiliense, 1986.]
22. Esses mitos encenam dois animais, pensados numa relação lógica, o curiango — um pássaro — e o preguiçoso. A intriga contém simultaneamente uma dimensão moral ligada ao ciúme conjugal e uma dimensão astronômica. O Preguiçoso, nas mitologias sul-americanas, é comumente concebido em relação com os cometas.

selvagens e a dos psicanalistas".[23] Redobramento: o pensamento selvagem não funciona somente como um inconsciente; seus princípios são o fato de uma espécie de autopsicanálise inconsciente, numa confusão fecunda entre o sujeito e o objeto, que é uma das convicções mais constantes do estruturalismo.

Essa afinidade entre a realidade etnológica e a psicanálise não impede Lévi-Strauss de assinalar, como em *Totemismo hoje*, suas distâncias em relação à teoria freudiana da interpretação dos mitos. Esta repousa sobre o mito de um mito original, do qual todo o sistema mítico seria derivado. Agindo assim, Freud, na realidade, nada mais faz que *criar* uma origem fictícia, cometendo também um pesado erro sobre a própria natureza do mito, que é não ter origem identificável. A contribuição freudiana não está no êxito explicativo de sua análise, mas na nova versão do mito que ela produz, e que bem podemos — no caso do mito de Édipo — inserir com Sófocles na lista das versões que interessam ao etnólogo.[24]

A psicanálise é novamente integrada ao pensamento estrutural a título de "um ramo da etnologia comparada, aplicada ao estudo do psiquismo individual"[25]; da mesma forma, o simbolismo sexual da interpretação freudiana deve se inserir numa teoria geral das relações entre os códigos estruturais do pensamento mítico, dado que o código sexual é em si mesmo insuficiente.

---

23. Ibidem, p. 1213.
24. A mesma ideia está em C. Lévi-Strauss, *Anthropologie structurale*, op. cit., p. 249.
25. C. Lévi-Strauss, *La Potière jalouse*, op. cit., p. 1219.

VIII
Polêmicas

Lévi-Strauss se recusa a ser filósofo. Como tentamos mostrar, o estruturalismo construiu-se em colaboração mais ou menos explícita e mais ou menos fecunda com elementos advindos da tradição filosófica. Para completar esse quadro, convém agora analisar a relação de Lévi-Strauss com seus contemporâneos, uma relação inteiramente diferente, dado que contém uma dimensão claramente polêmica.

Na mesma proporção em que a relação de Lévi-Strauss com os textos é apaziguada, a que ele mantém com os homens chega por vezes a atingir uma confrontação psicológica e pessoal, na qual a atenção ao conteúdo conceitual propriamente dito nem sempre está à altura daquilo que está em jogo. As três polêmicas que estudaremos aqui são de natureza bem diversa; mas todas indicam um cuidado muito claro de Lévi-Strauss em tomar distância dos movimentos maiores da filosofia contemporânea, por vezes com justiça — a oposição a Sartre —, outras com uma boa dose de má-fé — o conflito com Foucault —, e ainda por vezes numa incompreensão completa — o debate com Derrida.

Sartre

A confrontação com Sartre não podia deixar de acontecer. Duas grandes figuras da vida intelectual, da mesma idade e de uma formação no princípio idêntica, além de politicamente próximos num primeiro momento: elas deveriam se encontrar. Contudo, esse encontro não podia ocorrer corretamente. Além da evidente diferença de caráter e de método, a relação de um e outro com a filosofia é exatamente inversa. Enquanto Sartre, baseando-se numa filosofia advinda da fenomenologia e muito reticente diante das propostas da suspeita, tenta elaborar uma filosofia da liberdade e da contingência, Lévi-Strauss toma o contrapé de cada um desses elementos.

Mais ainda: enquanto Sartre — como aponta Merleau-Ponty, respondendo à questão de Lévi-Strauss — quer refazer a filosofia à moda antiga, Lévi-Strauss rejeita por princípio a filosofia, ainda mais quando ela deliberadamente ignora os conhecimentos das ciências humanas.[1]

Contra a onipotência do *ego* sartriano, a modéstia de um sujeito tomado numa estrutura que o ultrapassa e o determina; contra a exaltação de uma liberdade-contingência primeira, a consciência de uma necessidade que organiza o tecido humano; contra a crença na superioridade da filosofia sobre a ciência, o desejo de fazer por si mesmo uma obra científica. Não há pensamentos mais opostos entre si que o existencialismo e o estruturalismo, o que explica a franca hostilidade a Sartre de toda a geração saída desse estruturalismo: Foucault, Derrida, Deleuze, Lyotard, e mesmo, em certo sentido, Ricœur.

Dois textos devem aqui ser colocados no dossiê dessa confrontação. O primeiro, *Tristes trópicos*, realça a impressão global que a filosofia de Sartre deixa em Lévi-Strauss; o segundo, *O pensamento selvagem*, explicita a oposição em torno do conceito de história, que sem dúvida é a peça fundamental de seu conflito.

---

1. D. Bertholet, *Claude Lévi-Strauss*, Paris, Odile Jacob, 2008, p. 159.

A passagem sobre o existencialismo se insere no autorretrato intelectual que percorremos no capítulo precedente. Lévi-Strauss acaba de mostrar a afinidade de seu trabalho com o procedimento comum à psicanálise e ao marxismo, esse super-racionalismo que contesta o racionalismo ordinário do sujeito consciente, lógico, mestre de si, que a filosofia ocidental considera, a partir de Descartes, como o único ponto de partida possível do pensamento.

Lévi-Strauss esclarece: em primeiro lugar, ele é hostil à fenomenologia em sua pretensão de colocar uma continuidade entre o vivido e o real, entre a experiência da consciência e a realidade objetiva. Um erro pesado da fenomenologia: contra ela, é necessário afirmar claramente "que para atingir o real é preciso primeiramente repudiar o vivido, com o risco de em seguida reintegrá-lo numa síntese objetiva, desprovida de qualquer sentimentalismo".[2] A fenomenologia — e Lévi-Strauss é aqui razoavelmente respeitoso com sua intuição fundamental — considera, na esteira de Husserl, que a compreensão da realidade e daquilo que a estrutura só pode se dar por meio do esforço de um sujeito consciente, que aprofunda sua experiência até a identificação das estruturas universais da apreensão do real por qualquer consciência. Nesse sentido, a fenomenologia coloca uma estrutura, mas esta é interna ao *ego*, e produzida numa reflexão centrada sobre esse *ego*.

O estruturalismo procede de maneira inversa: afastar a experiência da consciência, dissolver o sujeito, identificar as estruturas que ultrapassam ao mesmo tempo meu *ego* e a cultura à qual pertenço. Compreende-se a partir

---

2. C. Lévi-Strauss, *Tristes Tropiques*, op. cit., p. 47; Foucault propõe uma leitura idêntica da fenomenologia e também conclui por uma necessária rejeição. Cf. M. Foucault, *Dits et écrits II*, op. cit., p. 372.

daí a oposição ao existencialismo, dado que este é uma forma derivada da fenomenologia, que além disso renuncia — motivo suplementar de rejeição por Lévi-Strauss — a qualquer pretensão científica. Enquanto em Husserl a filosofia como ciência rigorosa deve buscar o universal na singularidade do *ego*, o Sartre de *O ser e o nada* pensa que o *ego* produz livremente a norma e o universal, o que, como vemos, é de qualquer modo uma forma de traição da intuição fenomenológica. A intencionalidade teórica de Husserl se torna um ato de liberdade e um projeto. Em suma: o existencialismo é a fenomenologia piorada, ou a fenomenologia sem o único aspecto que poderia convir a Lévi-Strauss, seu rigor epistemológico. Leiamos integralmente a condenação que faz esse autor:

> Quanto ao movimento de pensamento que iria florescer no existencialismo, me parecia ser o contrário de uma reflexão legítima, dada a complacência que manifesta com as ilusões da subjetividade. Essa promoção das preocupações pessoais à dignidade de problemas filosóficos corre muito o risco de finalizar numa espécie de metafísica para garotas frívolas[3], defensável a título de procedimento didático, mas perigosíssima se permite tergiversar com essa missão devoluta à filosofia, até que a ciência seja suficientemente forte para substituí-la, e que é compreender o ser em relação a si mesmo, e não em relação a mim. Em vez de abolir a metafísica, a fenomenologia e o existencialismo introduziriam dois métodos para lhe encontrar alguns álibis.[4]

---

3. No original, "*midinettes*" (literalmente, que se contenta com uma pequena refeição ao meio-dia), "costureirinhas" parisienses, ou garotas de vilarejo, simples e frívolas. [N.T.]
4. Ibidem.

No fundo, Lévi-Strauss mantém uma missão autêntica para a filosofia: preparar o caminho de uma ciência concebida como compreensão do ser por ele mesmo, um pensamento anônimo contra as pretensões de um *ego* de "garotas frívolas".[5]

O segundo texto é bem mais longo e detalhado, e foca num tema preciso: a relação com a história, tal como Sartre a elabora em *Crítica da razão dialética*. Essa obra de Sartre poderia inicialmente parecer mais distanciada de Lévi-Strauss que O ser e o nada, dado que ela integra enfim a possibilidade de uma forma de determinação social que pesa sobre a livre escolha dos indivíduos. Sartre parece tomar consciência da ingenuidade de sua ontologia fundamental, aproximando-se também de um marxismo filosófico e parcialmente político.

O ponto de partida da discussão é o seguinte: Lévi--Strauss justifica sua crítica a Sartre pela eventual proximidade que se poderia encontrar entre sua concepção da dialética e aquela que podemos observar no pensamento selvagem, uma lógica classificatória e esquemática, capaz de assimilar todo o humano.

A própria noção de razão dialética é o primeiro ponto de oposição. Enquanto Sartre defende uma razão dialética contra uma razão analítica, a das ciências, preguiçosas e a-históricas, Lévi-Strauss, que se diz mais fiel a Marx, pensa a razão dialética como uma razão analítica corajosa, como um trabalho racional destinado a reformar a razão científica, para que esta possa dar conta da linguagem e da sociedade.[6] Lévi-Strauss reivindica o título de materialista transcendental: a etnologia como

---

5. Para um relatório completo desse conflito a partir do ponto de vista do filósofo existencialista, ver a obra *Sartre*, de Nathalie Monin, nesta mesma coleção (Les Belles Lettres, 2008). [Ed. bras.: *Sartre*, trad. Nícia Adan Bonatti, São Paulo, Estação Liberdade, 2017.]
6. C. Lévi-Strauss, *La Pensée sauvage*, op. cit., p. 823.

esforço interno da razão analítica para dissolver o humano em não humano. Aí está toda a diferença: para Sartre, uma filosofia humanista que visa a conferir à ordem humana uma singularidade absoluta; para Lévi-Strauss, uma ciência da dissolução do homem. Mais ainda: Lévi-Strauss se diz esteta, que é um qualificativo negativo na visão de Sartre. Sim, é preciso olhar os homens como formigas, se quisermos produzir uma obra de ciência. Sim, é preciso se interessar pelos povos ditos "sem história", enquanto Sartre considera que a humanidade do homem é sua historicidade.

Lévi-Strauss prossegue, ainda mais agressivo: Sartre é um cartesiano que substitui a universalidade do *cogito* pela especificidade de sua sociedade.

> Descartes, que queria fundar uma física, suprimia o Homem da Sociedade. Sartre, que pretende fundar uma antropologia, suprime sua sociedade das outras sociedades.[7]

Assim procedendo, Sartre raciocina à maneira das populações sem escritura, com a qual ele não sabe o que fazer e universaliza indevidamente a singularidade de uma cultura particular. Podemos, e por que não?, partir da fenomenologia sartriana; porém, é preciso explodi-la em nome desse pensamento ampliado, que é próprio da etnologia, é preciso reinseri-la num sistema muito mais vasto, no qual ela eventualmente poderá ganhar em significação. A compreensão do outro é dialética, dado que precisa da compreensão de si e da compreensão de minhas relações com o outro; mas isso não implica que o outro seja um ser dialético, isto é, para Sartre, um ser que

---

7. Ibidem, p. 827.

funciona como o homem ocidental sobre o primado da história.

A conclusão desse primeiro momento é clara:

> Conviremos então que toda razão é dialética, o que estamos prontos para admitir, dado que percebemos a razão dialética como a razão analítica em ação; mas a distinção entre as duas formas, que está na base do empreendimento de Sartre, perderá seu objeto.[8]

O erro de Sartre é seguir Marx pela metade. Ele faz da consciência histórica a mais desenvolvida, conquanto essa consciência só tenha sentido sobre o fundo de uma infraestrutura inconsciente que o pensamento analítico deve apreender, e não negar. Há nele um mito do ser histórico, que talvez pudéssemos explicar se aplicássemos ao pensamento de Sartre uma verdadeira razão dialética, confrontando-a com essas outras lógicas que ele persiste em relegar às margens da humanidade. O pensamento histórico não é o todo do pensamento: o pensamento selvagem, que é tão lógico quanto o nosso, é totalmente intemporal e obedece a um modelo espacial que ignora a história. Com que direito se pode reduzir esse pensamento a ser somente um meio pensamento?

Voltaremos longamente a esse ponto: a elaboração etnológica do pensamento é o verdadeiro motivo da oposição a Sartre. É claro que Lévi-Strauss se fixa no texto da *Crítica da razão dialética* para justificar sua oposição. Não obstante, no fundo ela se deve a uma incompatibilidade fundamental entre dois espíritos, um preocupado em se distanciar de si próprio para pensar o outro, enquanto o segundo está preocupado em se afastar de outrem, pela denegação de seu nível de humanidade, para

---

8. Ibidem, p. 829.

pensar a si próprio. O existencialismo é decididamente um cartesianismo, mas um cartesianismo sem ciência e sem objetividade: enquanto filosofia, é um pensamento bem pobre.

Foucault

A relação com Foucault é de outra ordem. Se considerarmos individualmente cada uma das teses de Foucault, as reticências de Lévi-Strauss só podem ser moderadas, de tanto que concordam intelectualmente na descrição de seu trabalho: um procedimento científico que visa à compreensão das invariantes que estruturam a cultura, sejam elas concebidas na escala do mundo ou mais estreitamente limitadas à história ocidental. Temos então a impressão de um certo desperdício, que sem dúvida podemos atribuir mais a Lévi-Strauss que a Foucault, manifestando este claramente sua admiração pelo etnólogo.

Os fatos são teimosos sobre esse ponto. Lévi-Strauss leu Foucault e aprecia suas qualidades de escritura, mas é muito reticente diante de duas supostas características do trabalho dele: uma tendência a sistematicamente considerar que aquilo que parece verdadeiro é falso; e uma forma de tratar a cronologia manipulando-a para que possa se integrar às suas teses. Dito de outra forma: Lévi-Strauss contesta o caráter científico da obra de Foucault e rejeita, além disso, sua limitação à nossa própria cultura. Ele se vê, então, pouco inclinado a se deixar alinhar numa escola estruturalista em sua companhia, mesmo que, como lembramos, Foucault afirme, a esse respeito, exatamente a mesma coisa — não há escola estruturalista.

A relação com o estruturalismo talvez seja um ponto de desacordo importante, mesmo que no fundo seja artificial: Lévi-Strauss reivindica para si o rótulo, recusando-o para Foucault; e este rejeita o rótulo, apesar de que, com toda a evidência, ele lhe pode ser aplicado. Efetivamente, as similaridades entre as duas obras são numerosas: a rejeição da filosofia clássica; a reivindicação da herança marxista e psicanalítica; a primazia da estrutura sobre o sujeito; a vontade de dissolver o homem; a desconfiança em relação a uma concepção ingênua da liberdade; um empirismo fundamental na maneira de trabalhar; a convicção de que o real deve ser compreendido a partir dele mesmo, e não a partir da consciência; e a certeza de que nosso modo de pensamento não é o único possível.

Lévi-Strauss não compreendeu isso, a ponto de ter se oposto à admissão de Foucault no Collège de France em 1970. Foucault não quis verdadeiramente aceitá-lo e frequentemente reduziu o estruturalismo propriamente dito, isto é, sua versão científica, a apenas um avatar de um movimento filosófico mais amplo e mais profundo: o requestionamento da teoria do sujeito.[9]

Quanto a esse aspecto, talvez possamos aprender mais lendo o que Foucault diz sobre Lévi-Strauss. Foucault reconhece sua dívida em relação ao antropólogo ao afirmar que foi graças a ele — e a Lacan — que abandonou a noção de sentido, na qual Sartre ainda acredita:

> O ponto de ruptura ocorreu no dia em que Lévi-Strauss, para as sociedades, e Lacan, para o inconsciente, nos mostraram que o sentido provavelmente era apenas uma espécie de efeito de superfície, um reflexo, uma espuma, e que aquilo que nos atravessava profundamente,

---

9. M. Foucault, *Dits et écrits II*, op. cit., p. 871: "O estruturalismo ou o método estrutural no sentido estrito só serviram de ponto de apoio ou de confirmação de algo muito mais radical: o requestionamento da teoria do sujeito."

aquilo que estava antes de nós, aquilo que nos sustentava no tempo e no espaço era um sistema.[10]

Não há aqui uma traição ao estruturalismo de Lévi-Strauss, que também aceita essa submissão ao sistema. Alguns anos mais tarde, Foucault completa esse reconhecimento de dívida, evidenciando a que ponto seu trabalho é tributário de uma descoberta feita por Lévi-Strauss em *As estruturas elementares do parentesco*: as regras de uma sociedade não se pautam por interdições explícitas, mas por um tabuleiro de xadrez, com espaços mal perceptíveis, que definem o leque de possibilidades culturais.[11]

Foucault reconhece então que sua teoria da construção histórica do conceito de loucura usa um método que provém da etnologia: a elaboração de combinatórias culturais que servem de grade de análise para práticas que só imperfeitamente expressam os discursos teóricos de autojustificativa. Graças a Lévi-Strauss, compreender a loucura não consiste em ler os textos que a ela foram dedicados, mas sim em identificar os códigos simbólicos e materiais que expressam o sistema inconsciente que produz o conceito de loucura.

Por fim, Foucault considera que compartilha com Lévi-Strauss a recusa da relação entre conhecimento e experiência vivida defendida pela fenomenologia; porém, enquanto Lévi-Strauss tende a privilegiar a distância geográfica como meio da separação entre realidade e consciência, Foucault usará a história como instrumento de uma mesma separação e motivo de um mesmo pensamento ampliado. Notemos: há muito mais motivos de

---

10. M. Foucault, *Dits et écrits*, op. cit., t. I, p. 542 ; a mesma ideia se encontra em *Dits et écrits II*, op. cit., p. 479.
11. Ibidem, p. 996.

acordo que de oposição, e podemos lamentar que a falta de afinidade pessoal entre eles tenha impedido uma eventual colaboração intelectual.

Derrida

O último caso que gostaríamos de analisar também se relaciona com uma forma de mal-entendido. Em *Gramatologia*, Derrida propõe a leitura de uma breve passagem de *Tristes trópicos*, na qual procede a uma severa desconstrução dos pressupostos filosóficos de Lévi-Strauss. Este reconhecerá uma grande surpresa diante do tratamento que lhe é infligido, e diante do cuidado e da minúcia de uma leitura que o considera como se fosse um grande filósofo. Infelizmente, não houve diálogo entre eles, mas sim um olhar derridiano sobre Lévi-Strauss, que sempre permanecerá respeitoso e mesmo admirativo, mas aplicando os princípios mais rigorosos da desconstrução.

Derrida herda muitos aspectos do estruturalismo, sobretudo a atenção à linguagem e a recusa da centralidade do sujeito; mas rompe com ele, indicando em que Lévi-Strauss é, a seu ver, o avatar mais contemporâneo da história do logocentrismo.

Sem retomar aqui todo o trajeto de *Gramatologia*, lembremos apenas que a leitura derridiana de *Tristes trópicos* é certamente permeada por amizade, mas também por uma forma de gesto parricida, que não é vista na atitude de Derrida para com Heidegger, conquanto ambos, ontologia e estruturalismo, pudessem ser considerados como a última face de um pensamento da presença.

Visitemos o próprio texto.

A cultura dos nambiquaras, como nota Lévi-Strauss, é caracterizada por três fatos que constituem um sistema. Ela dispõe de uma linguagem complexa; o incesto nela é proibido; o uso do nome próprio também. Como veremos, Lévi-Strauss deduz dessas observações preliminares que os nambiquaras são "um povo sem escritura", expressão que Derrida de imediato chama de dimensão provavelmente mítica e, em todo caso, etnocêntrica. Há, de fato, possibilidade de uma linguagem sem escritura? Derrida não pensa dessa forma.

A arquiescritura[12] como sistema de diferenças está ativa em qualquer linguagem. Uma primeira vez como violência da nominação, isto é, da inscrição classificatória; uma segunda vez, como interdição violenta dessa arquiescritura do nome; eventualmente uma terceira vez, na revelação do nome próprio interdito. A lição de escritura e sua aparente recusa entre os nambiquaras só tem sentido nessa terceira camada de escritura. E nenhuma delas pode concernir à ausência de escritura.

O texto de Lévi-Strauss se abre com uma descrição enternecida sobre a bondade dos nambiquaras, equivalente etnológico, segundo Derrida, da presença plena da metafísica logocêntrica. Em outras palavras: com essas primeiras linhas Lévi-Strauss instalaria a cena originária de uma pureza perturbada pelo aparecimento do suplemento gráfico. Na realidade, ele já saiu do discurso estritamente etnológico, o que em seguida é confirmado, quando Lévi-Strauss — tese célebre — afirma que a exploração do homem pelo homem só pode ser o feito de culturas com escrita, do tipo ocidental.

Dito isso, voltemos à própria lição de escritura. Primeiramente Lévi-Strauss relata um incidente extraordinário. Os nambiquaras desenham linhas horizontais sobre o papel

---

12. A arquiescritura designa em Derrida o sistema de distinções que subentende qualquer forma de linguagem, mas também qualquer construção conceitual. As tentativas filosóficas de construção de oposições sólidas e imobilizadas são assim sempre desconstruíveis, dada a estrutura diferencial que as torna possíveis e as fragiliza.

que o etnólogo lhes forneceu; seu chefe, segundo Lévi-Strauss, teria compreendido o poder hierarquizante e econômico do signo gráfico, dado que escolheu usar esse *medium* em suas relações com Lévi-Strauss, sem que por isso essas simples linhas pudessem constituir um sistema significante.

Que ensinamento filosófico tirar desse incidente? A escritura teria em primeiro lugar uma função sociológica, antes de portar um conteúdo inteligível, o que os nambiquaras teriam imediata e instintivamente compreendido. A invenção da escritura, prossegue Lévi-Strauss, em nada aumentou os conhecimentos humanos, e no máximo participou de sua flutuação. Somente os dois últimos séculos viram a escritura servir de suporte para o progresso da ciência, ao mesmo tempo que de instrumento de controle dos cidadãos.

Os nambiquaras, mal iniciados nos primeiros signos gráficos, teriam sentido a fatalidade desse uso político da escritura e a teriam recusado, sendo essa recusa a condição da não corrupção de sua bondade originária:

> Eis-nos aqui de volta a Rousseau. O ideal que essa filosofia da escritura subentende é então a imagem de uma comunidade imediatamente presente a si mesma, sem diferensa[13], comunidade da fala, na qual todos os membros estão ao alcance da elocução.[14]

---

13. No original, "*différance*", neologismo conceitual derridiano (a grafia consagrada é "*différence*"), do verbo "*différer*". Essa "marca muda" pode ser escrita ou lida, mas não falada/ouvida, dado que o som é o mesmo. A indecidibilidade entre *diferenciar* e *postergar*, que são etimologicamente as duas acepções do termo, chama a atenção para o que Derrida chama de logofonocentrismo. Para reproduzir aqui o estranhamento que essa grafia causa num leitor francês, proponho novamente (cf. J. Derrida, *Salvo o nome*, trad. Nícia Adan Bonatti, Campinas, Papirus, 1995) o neologismo *diferensa*. [N.T.]
14. J. Derrida, *De la grammatologie*, Paris, Minuit, 1967, p. 197. [Ed. bras.: *Gramatologia*, trad. Miriam Chnaiderman e Renato Janine Ribeiro, São Paulo, Perspectiva, 2013.]

Comunidade mítica que ignora que toda identidade se constrói num sistema de diferenças, isto é, numa escritura, mesmo quando esta parece ausente. Lévi-Strauss é vítima da ilusão logocentrista.

Compreende-se a potência do ataque, mas também se percebe por que Lévi-Strauss não respondeu, dado que a leitura de Derrida se encontra num nível filosófico que simplesmente não lhe interessa.

Derrida propõe uma crítica de Lévi-Strauss menos minuciosa e talvez também mais compreensível em *A escritura e a diferença*, num texto curto intitulado "A estrutura, o signo e o jogo no discurso das ciências humanas". Essa crítica funciona segundo o modelo mais frequente da desconstrução: mostrar como um empreendimento intelectual não faz aquilo que acredita fazer. No caso: mostrar em que o estruturalismo não pode colocar o conceito de um significado transcendental — o que Lévi-Strauss faz pela estrutura — sem tornar impossível a própria ideia de signo.

Mais concretamente: quando Lévi-Strauss, em *O cru e o cozido*, mostra que é preciso preferir o signo à oposição metafísica, entre o sensível e o inteligível, ele esquece que o signo só tem sentido no interior dessa oposição. Bem entendido: a reprovação não é dirigida ao projeto, pois Derrida está de acordo com essa crítica da metafísica, mas à sua ingenuidade. Para ser eficaz, o estruturalismo teria precisado aceitar o vocabulário da metafísica, tomando consciência de sua necessidade, para criticá-lo a partir de seu interior, em vez de acreditar que escaparia dele ao permanecer. Ao mesmo tempo, Derrida reconhece que a crítica que Lévi-Strauss faz da filosofia tem o mérito da honestidade, e que seu próprio procedimento não está muito afastado dela. Assim, tenta aproximar aquilo que está fazendo ao ler Lévi-Strauss, e o que Lévi-Strauss faz quando critica, em *As estruturas elementares do parentesco*, a distinção tradicional entre natureza e cultura. Ele apresenta então, de maneira precisa, o estatuto de seu propósito, opondo-o a uma maneira de sair da filosofia que lhe parece ilusória:

> A saída "para fora da filosofia" é muito mais difícil de ser pensada do que geralmente imaginam aqueles que acreditam tê-la operado há muito tempo com uma tranquilidade insolente, e que em geral estão atolados na metafísica por todo o corpo do discurso que pretendem ter depurado.[15]

Ex negativo, podemos tirar dessas palavras dois caracteres distintos da relação de Derrida com a filosofia. Primeiramente, não é questão de sair da filosofia no sentido de que se trataria de fazer algo completamente diferente, abandonando a conceitualidade filosófica e as extraordinárias ferramentas que ela forjou no decorrer de sua história. Em seguida, é preciso esboçar um passo para o lado, na margem inclusa da filosofia, certamente para fazê-la tremer, mas não para destruí-la. A etnologia é aqui uma aliada essencial, mesmo que para Lévi-Strauss não se trate mais, nem de perto, nem de longe, da questão de fazer filosofia.

O problema que Derrida levanta enfim nesse texto é de ordem epistemológica. Se, como indica Lévi-Strauss, há uma afinidade de princípios entre a estrutura da etnologia e a dos mitos, se nos dois casos não há nem origem, nem centro, como podemos avaliar cientificamente o valor de um discurso etnográfico? Derrida, magnânimo, tenta responder à questão com o conceito colocado por Lévi-Strauss em sua "Introdução à obra de Marcel Mauss", de significante flutuante: o discurso da etnologia

---
15. J. Derrida, *L'Écriture et la différence*, op. cit., p. 416.

obtém sua legitimidade da identificação de um suplemento de sentido, flutuante no sentido estrito, acima das estruturas significantes de que ele fala. A interpretação constituiria em afirmar o jogo e o acaso que vai, de tempos em tempos, fazer surgir esse significante flutuante que oferece um suplemento de sentido ao sistema estrutural. Derrida pensa que Lévi-Strauss não ousou, ao menos explicitamente, ir nessa direção inspirada de Nietzsche, e que ele manteve o primado da origem, da presença, ou até mesmo do sujeito.

Finalizemos esse percurso polêmico, e mais amplamente essa primeira travessia da obra de Lévi-Strauss. Identificamos a singularidade do projeto estrutural, baseado ao mesmo tempo na inteligência neolítica, na especificidade de seu objeto — o pensamento selvagem — e na relação complexa que Lévi-Strauss mantém com a filosofia. Em seguida entraremos em detalhes nas teses etnológicas, nos dados empíricos e nos conceitos que Lévi-Strauss vai elaborar para analisá-los. Um percurso do espaço estrutural.

Segunda parte

O espaço estrutural

IX
A estrutura

Definição

A determinação do conceito de estrutura intervém progressivamente na obra de Lévi-Strauss e será refinada em função das necessidades da pesquisa científica. Poderíamos partir de qualquer texto, assim como Lévi-Strauss afirma poder conduzir suas *Mitológicas* a partir de qualquer versão de um mito. Jean-François Lyotard, um filósofo que pouco falou sobre Lévi-Strauss, apesar disso ofereceu uma bela definição de estrutura; vamos provisoriamente preferi-la àquelas, inúmeras, que o próprio Lévi-Strauss propõe: "A estrutura é aqui o conjunto das regras da semântica implícita que faz o mundo e a sociedade falar nessa língua muda ou nesse segundo corpo que é uma cultura viva."[1]

Encontramos aqui três diferentes elementos constitutivos da estrutura: seu isomorfismo com a linguagem; seu caráter implícito ou inconsciente; seu poder significante — ela faz falar. Se agora tentarmos determinar como Lévi-Strauss define a estrutura, encontraremos cada um desses três elementos, diferentemente organizados ou

---
1. J.-F. Lyotard, op. cit., p. 84.

hierarquizados. Assim, em *Antropologia estrutural*: "É preciso e basta atingir a estrutura inconsciente, subjacente a cada instituição ou a cada costume, para obter um princípio de interpretação válido para outras instituições e para outros costumes."[2]

Caráter inconsciente, função hermenêutica, potencialidade de generalização: a etnologia não pode se dar outro objeto. Todavia, é preciso de imediato precisar a relação entre essa estrutura e as outras formas da normatividade social: ela não é nem uma lei, nem um código explícito, nem mesmo uma simples ferramenta de interpretação que só existiria na cabeça do etnólogo. Lévi-Strauss se concentra nesse ponto na parte metodológica desse mesmo texto. Enumera então as quatro condições para que um modelo de análise dos fatos sociais possa receber o nome de "estrutura": uma estrutura deve ter um caráter sistemático; ela deve pertencer a um grupo de transformações; qualquer modificação de um de seus elementos deve produzir efeitos previsíveis. Ela deve poder dar conta de todos os fenômenos observados.[3]

Sendo assim, uma estrutura é, dentre os modelos, aquela que, na análise das relações sociais, é capaz de tornar mais manifesta a estrutura social da cultura considerada. Percebemos: distingue-se a estrutura enquanto tal das estruturas de que ela constitui a inteligibilidade; e separa-se a observação das estruturas sociais que permite identificar o material constitutivo do modelo estrutural e a experimentação deste último pela introdução de modificações de um de seus elementos. Mesmo que no absoluto a estrutura-modelo possa ser consciente ou inconsciente, uma estrutura consciente é sempre mais

---
2. C. Lévi-Strauss, *Anthropologie structurale*, op. cit., p. 34.
3. Ibidem, p. 332.

pobre e menos significante que uma estrutura inconsciente. O estruturalismo "tem por tarefa identificar e isolar os níveis de realidade que têm valor estratégico", isto é, "que podem ser representados sob formas de modelos".[4] Essa passagem não é das mais claras, mas já nos diz o essencial: a estrutura é, para a sociedade em que ela funciona, um princípio que organiza inconscientemente as relações sociais, e ela é, para o etnólogo, um modelo que permite estabelecer a inteligibilidade consciente dessas relações. Uma estrutura social que não preencha essa segunda função não tem interesse para o etnólogo; o mesmo ocorre para um modelo que não preenche a primeira função.

Dado que a estrutura não é pura invenção do pesquisador, ela tem uma consistência própria que lhe permite resistir às variações históricas e se adaptar quando necessário. Vemos isso na análise dos mitos:

> Os mitos e os ritos podem mudar, mas com certo atraso, e como se fossem dotados de uma permanência que neles preservaria, durante certo tempo, o todo ou parte da orientação primitiva. Esta permanecerá então, através deles, agindo indiretamente para manter as novas soluções estruturais na linha aproximativa da estrutura anterior.[5]

A verificação dessa resistência está no âmago do trabalho do etnólogo, que pode assim estabelecer definitivamente a natureza estrutural de uma invariante que não necessariamente aparece de imediato. Assim como a linguagem, a estrutura é análoga em seu crescimento a uma arborescência: os ramos terminais podem

---
4. Ibidem, p. 338.
5. C. Lévi-Strauss, *La Pensée sauvage*, op. cit., p. 630.

se desenvolver de qualquer forma e de maneira arbitrária, mas a tendência dada pelo tronco sempre é reencontrada, mesmo que reconhecê-la sob a indiferença lógica[6] das ramificações demande uma atenção especial na observação.

Gênese do conceito

O problema da estrutura não é arbitrado por sua definição. Agora precisamos tentar compreender a gênese do conceito e o conteúdo ontológico singular que lhe é dado por Lévi-Strauss, como vimos na discussão com Derrida: a noção de significante flutuante talvez seja a intuição maior que levou Lévi-Strauss à estrutura. O que se deve entender por isso? Trata-se de um "valor simbólico zero, isto é, um signo que marca a necessidade de um conteúdo simbólico suplementar àquele que o significado já carrega".[7] Em termos mais acessíveis: o significante flutuante é aquele que, percorrendo o campo social e suas relações, lhes dá uma consistência nova, mesmo que não tenha significado próprio. Vamos tentar aqui a aproximação: a estrutura é aquilo que, não tendo significado, marca a necessidade de uma significação e constitui a sistematicidade dos significantes não flutuantes. Apesar disso, notaremos que essa intuição maior não teria sido possível sem a convicção subjacente, comum a Lévi--Strauss e a Mauss, de uma utilidade dos conceitos linguísticos na etnologia. Voltaremos a esse ponto.

Esse caráter flutuante da estrutura nos alerta contra qualquer assimilação do estruturalismo ao formalismo

---

6. Ibidem, p.728.
7. C. Lévi-Strauss, "Introduction à l'œuvre de Marcel Mauss", op. cit., p. L.

abstrato ou a uma teoria das categorias. A estrutura não tem sentido uma vez que seja destacada daquilo a que ela dá sentido, a saber, o próprio social.

A estrutura não é uma estrutura social, nem um sistema de categorias que, ao contrário do que pensava Durkheim, seria deduzível. Ela é o substrato comum formado pelas modalidades do ajustamento constante entre estes dois elementos: um empírico e social, o outro intelectual e abstrato.[8] Poderíamos sempre compreender um quadro das categorias — o de Aristóteles ou o de Kant — a partir da análise estrutural da cultura de que ela provém; contudo, não podemos reduzir a estrutura a esse quadro.

A rejeição do formalismo está no princípio de um dos textos mais importantes de *Antropologia estrutural dois*. Lévi-Strauss deixa claro, logo de saída, o motivo de sua oposição:

> A *forma* se define por oposição a uma matéria que é estrangeira; mas a *estrutura* não tem conteúdo distinto: ela é o próprio conteúdo, apreendido numa organização lógica concebida como propriedade do real.[9]

Frase curiosa: a estrutura é real, mas só aparece na concepção ativa do etnólogo, que a considera como princípio lógico. O formalismo, esquecendo-se desse laço com o concreto, pode sempre criar modelos abstratos que, por vezes, são úteis para identificar os caracteres comuns dos casos estudados, por exemplo, na análise dos mitos. Mas esse formalismo "aniquila seu objeto"[10], dado

---

8. C. Lévi-Strauss, *La Pensée sauvage*, op. cit., p. 787.
9. C. Lévi-Strauss, *Anthropologie structurale deux*, op. cit., p. 139.
10. Ibidem, p. 159.

que nos impede finalmente de "voltar a descer do abstrato para o concreto."[11]

Ontologia estrutural

Precisamos refinar o modo de pertencimento da estrutura ao real, isto é, seu estatuto ontológico. Como acabamos de ver, Lévi-Strauss, preocupado em tomar distância de qualquer forma de abstração filosófica, insistirá constantemente sobre o caráter concreto da estrutura. Trata-se, para ele, de afastar qualquer confusão entre o estruturalismo e um idealismo que pretenderia criar em toda liberdade suas categorias e, ao mesmo tempo, mostrar que a estrutura se elabora empiricamente, portanto, por indução, a partir de uma experiência real das populações concernentes:

> Nada de hegeliano em tal concepção. As restrições do espírito às quais me refiro são descobertas por um procedimento indutivo, em vez de vir não se sabe de onde graças a algum filósofo que, no melhor dos casos, terá feito apenas um sobrevoo rápido, limitado a uma parte do globo e a alguns séculos da história das ideias. Nós mesmos nos impomos pacientes pesquisas sobre a maneira pela qual, por vias semelhantes ou diferentes, essas restrições se refletem na ideologia de dezenas ou centenas de sociedades.[12]

Nesse mesmo texto, Lévi-Strauss o demonstra, a partir da análise de dois mitos vizinhos de populações geograficamente próximas, os bella bella e os kwakiutl.

---
11. Ibidem.
12. C. Lévi-Strauss, *Le Regard eloigné*, op. cit., p. 146.

O estabelecimento de relações dialéticas entre esses dois mitos permite compreender que as regras de transformação de um mito em outro não são uma invenção do etnólogo; elas existem *nos* mitos, mas é preciso trazê-los à superfície e formulá-los enquanto manifestações visíveis de leis inconscientes que estruturam essas relações de transformação. A estrutura é a articulação lógica e sistemática da reação do espírito de determinada população às condições de sua existência; ela pertence mesmo à realidade, ainda que seja necessário o duplo trabalho da etnologia — observação e interpretação — para que se torne manifesta.

Esse pertencimento da estrutura ao real é acompanhado por uma margem de autonomia. Primeiramente, a estrutura expressa uma invariância relativa que vai além das variações históricas e geográficas das práticas sociais. Ela também não é redutível à consciência que os atores sociais têm, em seus discursos e suas representações, de sua própria identidade.[13]

Encontramos um modo análogo de autonomia relativa na relação entre a estrutura e as instituições às quais ela dá lugar. Se então a estrutura não é um conceito, nem a expressão de uma simples consciência social, ela também não é uma norma que regula explicitamente o espaço social, mesmo que ela só exista *nas* instituições concretas, materiais ou simbólicas, que manifestam esse poder normalizador.[14] Para explicar de outra forma: essas instituições expressam uma estrutura que está nelas, sem serem elas. No caso das estruturas de parentesco, isso significa, por exemplo, que essas estruturas, definidas como "sistemas em que a nomenclatura permite determinar de

---

13. Sobre esse ponto, ver C. Lévi-Strauss, *Anthropologie structurale*, op. cit., p. 141.
14. C. Lévi-Strauss, *Le Totémisme aujourd'hui*, op. cit., p. 495.

imediato o círculo de parentes e o de aliados"[15], estão *dentro* dos códigos explícitos que uma sociedade se oferece nessa matéria, mesmo sendo mais profundos, mais determinantes, mais invariantes e mais inconscientes que esses códigos.

Como vemos, Lévi-Strauss tem um pouco de dificuldade para determinar o teor ontológico próprio da estrutura. Ele parece mesmo aqui proceder semelhantemente a uma teologia negativa que pretende apreender Deus por aquilo que Ele não é, e não por aquilo que é. Sua hesitação o leva mesmo a lançar mão de um vocabulário muito mais corrente, o do marxismo, para situar a estrutura. Vejamos uma passagem célebre de *O pensamento selvagem*:

> O marxismo — se não o próprio Marx — raciocinou frequentemente como se as práticas decorressem imediatamente da práxis. Sem pôr em causa o incontestável primado das infraestruturas, acreditamos que entre práxis e práticas sempre se intercala um mediador, que é o esquema conceitual por cuja operação uma matéria e uma forma, desprovidas tanto uma quanto a outra de existência independente, se realizam como estruturas, isto é, como seres ao mesmo tempo empíricos e inteligíveis.[16]

A estrutura é a unidade de uma matéria e de uma forma, do concreto e do abstrato, do sensível e do inteligível, que aparece como agindo na função mediadora de um esquema conceitual que articula a práxis, isto é, as

---

15. C. Lévi-Strauss, *Les Structures élémentaires de la parenté*, Paris, PUF, 1947, p. IX. [Ed. bras.: *As estruturas elementares do parentesco*, trad. Mariano Ferreira, Petrópolis, Vozes, 2010.]
16. C. Lévi-Strauss, *La Pensée sauvage*, op. cit., p. 696.

condições materiais fundamentais, e as práticas culturais efetivas, as das infraestruturas e das leis. Philippe Descola observa, com justiça, que Lévi-Strauss nem sempre elaborou suficientemente os esquemas conceituais, sem o quê a estrutura jamais finalizaria nas práticas reais.[17] Isso não impede que sua posição — a meia distância de um realismo completo que identifica relação social e estrutura social, e de um conceitualismo filosófico — tenha o grande mérito de identificar o nível de análise próprio da etnologia: o das invariantes estruturais inconscientes.

Retenhamos dessa passagem a posição de uma estrutura que depende ontologicamente do que ela articula, o sensível e o inteligível, continuando sempre autônoma, precisamente pela sua função de articulação, em relação a esses dois elementos. Aliás, função ambígua, dado que a estrutura oscila, dependendo dos textos e contextos, entre dois polos, às vezes confundida com as práticas às quais ela dá sentido, e em outras confusamente identificada com uma modelização científica.

O vazio

Hesitando entre um modelo marxista e um modelo freudiano, Lévi-Strauss finalmente concebe a estrutura como uma forma social do inconsciente, organizado como uma linguagem, cuja existência é inseparável da vida consciente que ela determina — aqui, as práticas e as representações —, mas também inseparável da atividade do etnólogo. Para retomar ainda uma formulação que

---

17. P. Descola, op. cit., p. 142: "Como estruturas muito gerais indexadas em características do funcionamento do espírito podem engendrar modelos de normas conscientes e, sobretudo, fornecer um quadro organizador para as práticas, quando estas, caso mais frequente, não parecem governadas por um repertório de regras explícitas?".

Lévi-Strauss reivindica em *O cru e o cozido*: a estrutura é um inconsciente transcendental, isto é, no fundo, um inconsciente sem sujeito, presente no próprio objeto, sem que uma atividade constituinte o tenha aí instalado.

> O inconsciente é sempre vazio ou, mais exatamente, é tão estranho às imagens quanto o é o estômago aos alimentos que o atravessam. Órgão de uma função específica, ele se limita a impor leis estruturais, que esgotam sua realidade, aos elementos inarticulados que provêm de outros lugares: pulsões, emoções, representações, lembranças.[18]

A estrutura é esse vazio — ainda o significante flutuante e seu grau zero — que impõe suas leis àquilo que o preenche. Ele também compartilha com o inconsciente freudiano um funcionamento essencialmente relacional: sua determinação não se fixa nos conteúdos, mas somente nas relações. Aplicado ao campo social, isso significa que a função da estrutura é muito mais visível sob a forma lógica que ela dá às relações de transformação — entre os mitos, por exemplo — que numa muito hipotética determinação da narrativa mitológica.

Vem daí a insistência de Lévi-Strauss nessa curiosa noção de "pacote de relações", que ele constantemente considera como seu verdadeiro objeto.[19] Ele diz isso com extrema clareza para Didier Eribon, indicando mesmo que o desconhecimento desse aspecto está na origem de muitos erros:

> A noção de transformação é inerente à análise estrutural. Eu diria mesmo que todos os erros, todos os abusos

---

18. C. Lévi-Strauss, *Anthropologie structurale*, op. cit., p. 233.
19. Cf., entre outros, C. Lévi-Strauss, *Le Cru et le cuit*, op. cit., p. 39.

cometidos sobre ou com a noção de estrutura provêm do fato de que seus autores não compreenderam que é impossível concebê-la separada da noção de transformação. A estrutura não se reduz ao sistema: ela é um conjunto composto de elementos e de relações que os unem. Para que se possa falar de estrutura, é preciso que entre os elementos e as relações de vários conjuntos apareçam relações invariantes, de tal forma que se possa passar de um conjunto ao outro por meio de uma transformação.[20]

Na obra *Antropologia estrutural*, isso é explicado de outra maneira. Depois de ter mostrado por que a verdadeira unidade constitutiva do mito era o pacote de relações, e não de relações isoladas, Lévi-Strauss usa uma analogia esclarecedora, familiar em seu trabalho, entre a organização lógica dos mitos e uma harmonia musical:

> Uma partitura de orquestra só tem sentido se for lida diacronicamente segundo um eixo, mas, ao mesmo tempo, sincronicamente segundo outro eixo, de alto a baixo. Dito de outra forma, todas as notas colocadas sobre a mesma linha vertical formam uma forte unidade constitutiva, um pacote de relações.[21]

Cada mito deve ser lido segundo esse duplo eixo. A estrutura é assim o princípio harmônico de uma cultura e ela surge para o etnólogo se este for capaz desta dupla leitura: identificar as melodias e identificar os acordes; identificar as práticas e identificar suas relações com outras práticas mais ou menos consoantes.

---
20. C. Lévi-Strauss e D. Eribon, op. cit., p. 159.
21. C. Lévi-Strauss, *Anthropologie structurale*, op. cit., p. 243.

Voltaremos a isso, mas julgamos que não é anódino que a escritura musical finalmente forneça um paradigma interpretativo dos mais esclarecedores, ao mesmo título que a linguagem.

X
A tabela periódica

Conceito menos presente que o de estrutura, a ideia de uma tabela periódica das possibilidades culturais, entre as quais cada civilização escolheria inconscientemente sua combinação própria, talvez seja mais fácil de compreender. Essa ideia também permite tornar mais manifestos certos aspectos da estrutura que as dificuldades de definição haviam mantido sob certa obscuridade.

O trabalho etnológico tem por objetivo a constituição de uma espécie de língua comum que torne possível a comparação das práticas. Ele exige, em primeiro lugar, "pesquisar em que nível é conveniente se colocar para que os fatos observados e descritos sejam mutuamente convertíveis".[1] Essa exigência comparatista demanda uma destreza particular para não produzir aproximações incongruentes ou estéreis.

Uma vez que esse exercício complexo de uma dialética sincrônica ou especializada tenha tido sucesso, podemos elaborar progressivamente a tabela periódica. O conceito aparece em especial num texto de 1951 e foi retomado na obra *Antropologia estrutural*, aplicado então não ao social, mas à língua: Lévi-Strauss considera que uma matematização da língua permitiria observar "uma espécie de tabela periódica das estruturas linguísticas, comparável

---
1. C. Lévi-Strauss e D. Eribon, op. cit., p. 180.

àquela dos elementos que a química moderna deve a Mendeleiev".[2] Mas é em *Tristes trópicos* que a tese de Lévi-Strauss encontra sua expressão mais segura, dessa vez diretamente aplicada às estruturas do social. Merecidamente, o texto é famoso. Ele afirma a convicção fundamental que preside qualquer análise estrutural: as práticas de um povo podem ser compreendidas como um conjunto sistemático marcado por um estilo particular. Esses diferentes estilos culturais não têm um número infinito e são fruto de uma escolha efetuada a partir de um repertório ideal de combinações (e não de elementos, é necessário notar). Em seguida, vem a imagem da tabela:

> Fazendo o inventário de todos os costumes observados, de todos aqueles imaginados nos mitos, daqueles também evocados nos jogos das crianças e dos adultos, dos sonhos dos indivíduos sãos ou doentes e das condutas psicopatológicas, conseguimos esboçar uma espécie de tabela periódica como a dos elementos químicos, em que todos os costumes reais ou simplesmente possíveis aparecerão agrupados em família, e na qual nada mais faríamos senão reconhecer aqueles que as sociedades efetivamente adotaram.[3]

A estrutura de determinada cultura é o sistema das combinações que ela escolheu juntar numa unidade de estilo que lhe confere sua identidade. Nesse sentido, a tabela é mais estrutural que a estrutura, mais profunda e

---

2. C. Lévi-Strauss, *Anthropologie structurale*, op. cit., p. 73. Dimitri Mendeleiev (1834-1907), químico russo que estabeleceu em 1861 a tabela periódica dos elementos, que representa todos os elementos químicos, ordenados por número atômico crescente e organizados em função de sua configuração eletrônica, a qual subentende suas propriedades químicas.
3. C. Lévi-Strauss, *Tristes Tropiques*, op. cit., p. 167.

ainda mais essencial, dado que nela podem potencialmente aparecer *todas* as estruturas. Contudo, a tabela é um inventário *ideal*, enquanto a estrutura é bem real e, portanto, não se pode confundi-las.[4]

O conceito de tabela periódica é por fim utilizado, numa acepção um pouco diferente, no interior da análise dos mitos. Seu alcance é mais restrito, e não se trata mais de oferecer um quadro geral para todas as estruturas. O quadro designa aqui um modo de dizer a estrutura binária complexa que frequentemente organiza a constituição do pensamento mítico. Assim, em *A oleira ciumenta*, Lévi-Strauss descreve como uma tabela de seis comutações o leque das possibilidades míticas baseadas na oposição do oral e do anal, cruzada com as três funções que todo orifício corporal pode preencher — reter, absorver e evacuar. Em seguida, ele rapidamente explica que não se deve postular que "os mitos existem para preencher todos os compartimentos"[5], e que essa espacialização estrutural nada tem de um determinismo automático e ingênuo.

O estruturalismo, em sua utilização maciça dos conceitos espaciais, tende a considerar o social como um espaço que precisa de um eixo diretor que, como diz Lévi-Strauss em *O pensamento selvagem*[6], suporta a estrutura e une o abstrato ao concreto. Em torno desse eixo, a cultura irá desdobrar o todo ou parte das possibilidades combinatórias oriundas da tabela periódica. A esse

---

4. Cf., aqui, sobre o valor da analogia química, a observação de Philippe Descola (op. cit., p. 534): "É verdade que os humanos têm a capacidade de produzir combinações novas e, assim fazendo, de modificar as propriedades daquilo que combinam, mas, independentemente do que digam os apóstolos da ação criadora, não lhes é possível, exceto no mito e na ficção, criar híbridos funcionais cujos componentes teriam propriedades inconciliáveis."
5. C. Lévi-Strauss, *La Potière jalouse*, op. cit., p. 1114.
6. C. Lévi-Strauss, *La Pensée sauvage*, op. cit., p. 790.

espaço estrutural e esse conceito tabular corresponde muito naturalmente uma determinação das escolhas culturais como jogo, lance, acaso. Lévi-Strauss faz com que se juntem assim, curiosamente, dois registros contraditórios: o de uma mecânica social que funciona segundo o modelo da combinação química e o do jogo cultural que funciona segundo o modelo do sucesso contingente. Qualquer outra apresentação da determinação de uma civilização faria intervir a ideia de uma decisão consciente e, portanto, um conceito de sujeito livre e responsável que a estrutura torna impensável.

Raça e história usa esse campo lexical do jogo no quadro de uma reflexão sobre as condições do progresso cultural. Uma cultura é comparável a um jogador que aposta numa série de números na roleta. Quanto mais a série é longa, mais suas chances de ganhar ficam restritas. Se, por outro lado, jogar simultaneamente em várias roletas, ele utilizará suas chances de sucesso. Portanto, uma cultura capaz de colaborar com outras culturas aumenta suas próprias chances de acumular os ganhos. Não há forçosamente uma escolha aqui, mas sim o aparecimento de uma forma singular de cultura constitutivamente disposta a assimilar as aquisições das outras culturas — uma civilização cumulativa que se imporá aos outros, assim como a Europa o fez em seus períodos de grandeza.[7]

A compreensão do jogo, que precede imediatamente a passagem que acabamos de comentar, talvez seja mais importante para nosso propósito. Lévi-Strauss se interessa aqui não pela colaboração das culturas, mas pela sua comparação. Cada civilização "escolhe" uma série combinatória própria, que ela joga como se fosse na roleta; porém, as séries em questão são muito diversas e incomensuráveis, o que torna bem aleatório o julgamento

---

7. C. Lévi-Strauss, *Anthropologie structurale deux*, op. cit., p. 412.

em termos de evolução ou de progresso. O modelo da tabela periódica — aqui considerada como os números que podem ser sorteados na roleta — não é, como vemos, somente descritivo e estrutural: ele também permite a condenação científica de qualquer posição etnocêntrica. Por fim, essa maneira bem singular de apresentar o campo de pesquisa da etnologia tem por consequência aproximá-la das ciências mais duras. Se uma cultura é redutível a uma escolha efetuada no sistema combinatório cujos elementos constitutivos podem ser identificados, não é absurdo, como assinalamos anteriormente, conceber uma matemática ou uma informatização da lógica social.

Lévi-Strauss é bem consciente disso. Ele afirma mesmo que uma sequência de *As estruturas elementares do parentesco*, dedicada às estruturas complexas, exigiria um tratamento informatizado, do qual ele não se sente capaz.[8] A informatização não é requerida pelo número de dados a serem tratados, visto que a bricolagem neolítica frequentemente é, em relação a isso, mais rápida e mais eficaz; ela é necessária devido à própria natureza das estruturas de parentesco, que obedecem a uma lógica de essência matemática. Lévi-Strauss evoca ainda esse sonho informático em *O pensamento selvagem*:

> Contudo, não é impossível sonhar que se possa um dia transferir para cartões perfurados toda a documentação disponível a respeito das sociedades australianas e demonstrar, com a ajuda de um computador, que o conjunto de suas estruturas tecnoeconômicas, sociais e religiosas se assemelha a um vasto grupo de transformações.[9]

---

8. C. Lévi-Strauss e D. Eribon, op. cit., p. 78.
9. C. Lévi-Strauss, *La Pensée sauvage*, op. cit., p. 651.

XI
O paradigma linguístico

A posição de uma analogia fundamental entre a estrutura do social e a de uma língua se encontra no princípio do projeto estruturalista, na etnologia, mas também na psicanálise ou na história. Preferimos elaborar primeiramente o estatuto próprio da estrutura para que essa analogia se mostre por aquilo que ela é: um instrumento metodológico, não uma crença um tanto quanto ingênua numa homologia geral entre todas as formas de organização que regulam inconscientemente uma cultura.

A formulação do projeto estruturalista em etnologia se baseia numa convicção simples: a etnologia só terá o estatuto de ciência se tomar como modelo a única ciência humana que tenha tido êxito, a linguística. Há, então, na origem da obra de Lévi-Strauss, uma descoberta, a de uma ciência que enfim compreendeu que "a função significativa da língua não está diretamente ligada aos próprios sons, mas à maneira pela qual os sons se veem combinados entre si".[1] O objeto da ciência nunca é um fenômeno isolado, mas sempre uma conexão, uma relação, uma combinatória.

A cientificidade da linguística se deve a três motivos:

> a) ela tem um objeto universal, que é a linguagem articulada, da qual nenhum grupo humano é desprovido;

---

1. C. Lévi-Strauss, *Anthropologie structurale*, op. cit., p. 238.

b) seu método é homogêneo, ou seja, ela continua a mesma, qualquer que seja a língua particular à qual se aplique: moderna ou arcaica, "primitiva" ou civilizada;
c) esse método repousa sobre alguns princípios fundamentais, dos quais os especialistas são unânimes em reconhecer a validade.[2]

É claro que a etnologia como ciência deve se ater a essas mesmas exigências, mas isso só é possível — e eis-nos diante da tese essencial — se seu objeto apresenta uma analogia formal com o da linguística. Se não for o caso, podemos sempre imitar o gesto científico da linguística, mas não seu sucesso. Compreendemos então que o estabelecimento de tal analogia tenha tido, para Lévi-Strauss, uma função de manifesto do estruturalismo, e que ela seja o objetivo de um de seus primeiros textos: "A análise estrutural em linguística e em antropologia" (1945).

Lévi-Strauss começa por observar a superioridade da linguística sobre todas as outras ciências humanas. Somente ela foi capaz de estabelecer relações necessárias. Não seria possível para o etnólogo, que tem nas mãos um objeto — por exemplo, os sistemas de parentesco — tão relacional quanto os elementos da linguagem, tentar uma transposição metodológica de alguns princípios da linguística, transposição autorizada pela afinidade estrutural em questão. No fundamento da primeira pesquisa de Lévi-Strauss há então essa intuição da qual já falamos: "Numa outra ordem de realidade, os fenômenos de parentesco são acontecimentos do mesmo tipo que os fenômenos linguísticos."[3]

A aproximação desejada é autorizada por outra tese: não apenas há analogia formal entre as estruturas da

---

2. C. Lévi-Strauss, *Anthropologie structurale deux*, op. cit., pp. 351-352.
3. C. Lévi-Strauss, *Anthropologie structurale*, op. cit., p. 47.

língua e as da cultura, mas as estruturas culturais se apoiam amplamente em formas de discursos — o mito — ou em classificações lexicais. Assim, um sistema de parentesco é organizado como uma linguagem, mas além disso contém um sistema de designações que se articula de maneira complexa a um sistema de atitudes. A linguagem, como nomenclatura e como fonologia, está presente enquanto tal nas estruturas sociais. Novo motivo para tentar uma aproximação epistemológica.

Lévi-Strauss vai refinar sua posição sobre esse ponto discutindo as contribuições respectivas, à constituição da etnologia nascente, de dois grandes autores: Boas[4] e Saussure.[5] Esses dois pensadores têm uma tese comum, explicitamente colocada por Boas a partir de 1911, retomada cinco anos depois, sob uma forma menos clara, na primeira edição do *Curso de linguística geral*, de Saussure: "As leis da linguagem funcionam no nível inconsciente, fora do controle dos sujeitos falantes; podemos então estudá-las como fenômenos objetivos, representantes, nesse sentido, de outros fatos sociais."[6]

Sabemos agora, essa é uma ideia constitutiva do estruturalismo: quanto mais uma regra de funcionamento é inconsciente, mais ela é determinante e mais é suscetível de ser estudada, dado que o sujeito que a manifesta não interveio em sua constituição. Um cartesianismo

---

4. Franz Boas (1858-1942), antropólogo germano-americano, considerado o "pai fundador da antropologia americana", autor principalmente de *Indian Myths and Legends from the North Pacific Coast of América* (1895), *The Limitations of the Comparative Method in Anthropology*, Science 4 (1896), *The Mind of Primitive Man* (1911), *Race, Language and Culture* (1940) e *Race and Democratic Society* (1945).
5. Ferdinand de Saussure (1857-1913), linguista suíço, fundador do estruturalismo em linguística, precursor em matéria de semiologia, autor de *Curso de linguística geral*, publicado por seus alunos em 1916.
6. C. Lévi-Strauss e D. Eribon, op. cit., p. 59.

ao inverso: o que mais posso saber é aquilo que sei menos. Uma atitude que se poderia classificar como antifenomenológica.

A relação com Boas é pessoal, íntima, afetiva. A isso se adiciona em Lévi-Strauss a consciência de uma dívida imensa para com o primeiro etnólogo a ter renunciado à utilização de critérios puramente físicos na determinação das raças e a privilegiar a pesquisa empírica, naquilo que ela tem de mais laborioso e minucioso. Graças a ele e à etnologia americana, as ciências humanas podiam enfim romper com aquilo que na França fazia o papel de sociologia: uma filosofia social, certamente, mas que não se dava ao trabalho de fundamentar suas afirmações sobre uma experiência real.

A relação de Lévi-Strauss com Saussure é de outra ordem. Duas ideias são aqui essenciais: a primeira, comum a Boas e a Saussure, é com certeza a dimensão inconsciente da estrutura linguística; a segunda, mais claramente saussuriana, é a tese de acordo com a qual o material linguístico é um sistema, e não um ser, desprovido, enquanto tal, de significação intrínseca. Para usar os termos do próprio Saussure: a relação entre o significante (a imagem acústica) e o significado (o conceito) não pode ser estabelecida por um signo isolado, mas somente pela confrontação entre um sistema de diferenças entre significantes e um sistema de diferenças entre significados.

A revolução na análise da língua é considerável: não se interessa mais pela representação, mas pela troca, não mais ao signo na realidade, mas ao valor de certo sistema diferencial. Se o estruturalismo em geral nasceu com Saussure, é devido a esta descoberta: o objeto de uma ciência humana é sempre uma relação, explode no momento em que se quer apreendê-lo, não tem outra identidade que não seja sua explosão em diferenças, e em diferenças de diferenças.[7] Concretamente, se aplicarmos essa analogia estrutural ao estudo dos sistemas de parentesco, poderemos afirmar:

> A significação das regras de aliança, inapreensível quando as estudamos separadamente, só pode surgir opondo-as umas às outras, do mesmo modo que a realidade de um fonema não reside em sua individualidade fônica, mas nas relações opositivas e negativas que os fonemas oferecem entre si.[8]

Dessa forma, a linguística saussuriana fornece à etnologia estruturalista um verdadeiro paradigma. As estruturas poderão ser estudadas como sistemas linguísticos, ideia que Lévi-Strauss, de modo um pouco confuso, chama ora de "hipótese"[9], ora de "postulado".[10] Ele pormenoriza ainda essa intuição no segundo grande texto que lhe dedica em *Antropologia estrutural*, "Linguística e antropologia".

Lévi-Strauss afirma com grande vigor a multiplicidade dos laços entre linguagem e cultura. A linguagem, claro, é um produto da cultura, mas também é uma parte dela, ou até mesmo e principalmente uma condição. Essa proximidade objetiva justifica a colaboração entre linguística e etnologia, podendo esta fornecer àquela um conteúdo mais experimental e mais concreto, dado que a estrutura social encarna, ao menos parcialmente, a estruturação linguística. Não há identidade perfeita entre as duas disciplinas nem, certamente, independência: há uma posição

---

7. Será bem útil ler as páginas que Jean-Claude Milner dedica a essa novidade em seu *Périple structurale*, op. cit., pp. 47-48.
8. C. Lévi-Strauss, *Le Regard éloigné*, op. cit., p. 196.
9. C. Lévi-Strauss, *Anthropologie structurale*, op. cit., p. 78.
10. Ibidem, p. 79.

mediana, baseada na constatação de uma correlação entre os dois níveis de análise, e tendo por horizonte a construção de uma antropologia global que abranja a totalidade do espírito humano, tal como ele se objetiva nas práticas e nas línguas.[11]

A linguagem fornece um modelo lógico de análise dos fatos sociais. Nunca se trata de reduzir a determinação social ao discurso que aí ocorre, ou que ela produzirá em seguida a título de uma autolegitimação consciente. A análise mítica se aparenta à pesquisa de uma sintaxe dos mitos.[12] Isso não significa que a sintaxe da língua utilizada nas narrativas mitológicas tenha qualquer influência sobre sua estrutura.

O pensamento selvagem também conterá muitas vezes essa aproximação. Alguns exemplos: Lévi-Strauss nota, na análise das classificações totêmicas, que as lógicas concretas são frequentemente muito mais atentas ao fato da ligação dos dois elementos que à natureza precisa dessa relação. Assim, frequentemente importa aos sistemas binários que haja sistema binário, conferindo certo impressionismo à determinação desse sistema. Lévi--Strauss explica esse caráter um pouco surpreendente da lógica concreta aproximando-a de um fato de linguagem sobre o qual se choca, dizem, a linguística estrutural: a diversidade sempre reaparece quando se tenta reduzir as relações entre elementos a uma oposição binária. Essa dificuldade talvez não seja de ordem epistemológica: ela só manifesta que o espírito humano, objeto do etnólogo e ao mesmo tempo do linguista, funciona segundo um

---

11. Ibidem, p. 97.
12. C. Lévi-Strauss, *Le Cru et le cuit*, op. cit., p. 16: "É realmente uma sintaxe da mitologia sul-americana da qual quisemos fazer um esboço"; vemos a mesma ideia, baseada na comparação entre os códigos míticos e aqueles da língua japonesa, em C. Lévi-Strauss, *La Potière jalouse*, op. cit., p. 1224.

modo operatório que uma estrutura — o sistema binário — lhe oferece, sempre mantendo um enraizamento na qualidade — o impressionismo das relações.[13]

Segundo exemplo, mais diretamente ligado ao nome de Saussure: este observava que a língua vai sempre do arbitrário a uma certa motivação, construindo aos poucos um princípio de ordem gramatical. Por sua vez, Lévi--Strauss constata que os sistemas do pensamento selvagem tendem a funcionar no sentido inverso e a forçar constantemente sua gramática para nela introduzir novos elementos. Retomamos a tese que já havíamos visto: a dimensão arbitrária numa estrutura vem depois da motivação de sua lógica fundamental e não as modifica, do mesmo modo que a forma dos ramos finais não modifica o eixo da árvore.

O paradigma usado aqui é então revirado, mesmo continuando a ser mantido: a lógica concreta de uma classificação totêmica funciona como uma linguagem de gênese invertida, sendo sua motivação enraizada no inconsciente da própria humanidade, que contém, é claro, algo arbitrário, mas também uma motivação real. O pensamento selvagem vai ao arbitrário, a linguagem tende a se afastar dele: mas esse fato jamais teria sido revelado sem a confrontação sistemática do sistema categorial do pensamento selvagem com o sistema lexical e gramatical da linguagem.

Até aqui dedicamos os esforços para compreender os conceitos essenciais da antropologia estrutural. Em seguida vamos vê-los em ação em alguns dos campos de pesquisa escolhidos por Lévi-Strauss: o parentesco, o totemismo, os mitos e, mais amplamente, essa ciência do concreto que os engloba e que Lévi-Strauss escolheu chamar de pensamento selvagem.

---

13. C. Lévi-Strauss, *La Pensée sauvage*, op. cit., p. 629.

XII
As estruturas do parentesco

Sem retomar aqui a longa elaboração do conceito de estrutura que percorremos antes, tentemos simplesmente compreender o sentido específico dessa noção quando aplicada ao campo da organização familiar, primeiro objeto da etnologia de Lévi-Strauss.

Uma estrutura de parentesco não é a regra explícita e consciente que uma sociedade se oferece, sob uma forma jurídica, para regular as alianças familiares, os casamentos e as filiações. Ela também não é a norma efetivamente constatada por uma pesquisa estatística. Podemos identificá-la como um "operador matrilinear que desempenha o papel de piloto"[1]: uma norma inconsciente que, por sua simples existência, influencia em parte as práticas e oferece uma "curvatura específica"[2] ao espaço genealógico. Chamaremos de estrutura elementar do parentesco tal norma em seu estágio originário, isto é, como aquela que determina a escolha do cônjuge somente porque este pertence a uma categoria de aliança prevista, compreendendo-se que as estruturas se complexificam necessariamente a partir do momento em que outras considerações — culturais, históricas, religiosas, afetivas — entram em jogo nessa escolha.

---
1. C. Lévi-Strauss, *Les Structures élémentaires de la parenté*, op. cit., p. XXI.
2. Ibidem.

Para retomar um exemplo de Lévi-Strauss: escolher uma esposa loira não diz respeito a um determinismo estrutural; por outro lado, escolhê-la porque ela tem uma relação familiar específica com sua própria família repousa sobre um determinismo desse tipo.

Lévi-Strauss define seu objeto com uma notável clareza no prefácio à segunda edição de *As estruturas elementares do parentesco*:

> Se eu tivesse o poder de fixar a terminologia, chamaria de "preferencial" qualquer sistema em que, na ausência de uma prescrição claramente formulada, a proporção dos casamentos entre certo tipo de pais, reais ou classificatórios — saibam ou ignorem os membros do grupo —, é mais elevada do que se resultasse do acaso.[3]

A hipótese maior é que essas estruturas de parentesco permitem unificar a totalidade dos sistemas prescritivos no campo familiar, que elas podem, como qualquer estrutura, tomar uma forma matematizável e que fundamentalmente têm por função assegurar a boa circulação das mulheres dentro do grupo social. Em outras palavras: a estrutura é o operador que transforma um sistema biológico em um sistema social.[4]

A análise da proibição do incesto é um dos meios mais eficazes para determinar precisamente essa estrutura elementar. O tema já é antigo na tradição sociológica e já deu espaço a uma variedade de explicações (que Lévi-Strauss irá pacientemente avaliar, propondo uma explicação estrutural) que permitem dar conta da totalidade das práticas e de sua universalidade constatada.

---

3. Ibidem, p. XXII.
4. C. Lévi-Strauss, *Anthropologie structurale*, op. cit., p. 75.

Vejamos, apesar da diversidade de suas formas, a universalidade da proibição do incesto. O senso comum e certos sociólogos consideram que se pode explicar o incesto como uma reação defensiva da natureza contra os resultados geneticamente nefastos dos casamentos consanguíneos. Lévi-Strauss, para defender o caráter estrutural dessa proibição, deve primeiramente refutar sua pretensa naturalidade, então mostra de modo muito convincente, a partir do segundo capítulo de *As estruturas elementares do parentesco*, que a maioria das sociedades ignora completamente esses resultados nefastos e até mesmo prescreve como desejável certo número de uniões consanguíneas.

Assim, inúmeras sociedades primitivas buscam multiplicar as uniões entre primos cruzados (filhos de um irmão e uma irmã) e condenam as uniões entre primos paralelos (filhos de dois irmãos ou de duas irmãs), embora o grau de consanguinidade seja idêntico nos dois casos. Poderíamos ser tentados a explicar a universalidade do fenômeno por uma forma de repugnância instintiva diante do incesto: além de o fato não ser comprovado, podemos nos perguntar por que todas as sociedades afirmam de maneira tão solene a condenação do incesto, visto que ele seria, de toda forma, instintivamente rejeitado.

É preciso então considerar que nem a natureza nem a cultura permitem explicar de modo satisfatório essa universalidade. Assim, a estrutura entra em jogo como interface entre natureza e cultura, o que significa aqui o princípio de troca. A proibição do incesto não é nem instintiva, nem natural, nem puramente social: ela é a condição de possibilidade estrutural do social como sistema de alianças que ultrapassam a esfera familiar. Lévi-Strauss retoma a integralidade dessa tese no final de *Estruturas*, no capítulo XXIX.

A proibição do incesto só pode ser compreendida na qualidade de princípio exogâmico ou, ainda, como lei exogâmica:

> A lei de exogamia, ao contrário, é onipresente, ela age de modo permanente e contínuo, ou, mais ainda, ela age sobre valores — as mulheres — que são os valores por excelência, do ponto de vista biológico e, ao mesmo tempo, do ponto de vista social, e sem as quais a vida não é possível ou, ao menos, é reduzida às piores formas da abjeção. Sendo assim, não é exagerado dizer que ela é o arquétipo de todas as outras manifestações à base de reciprocidade, que ela fornece a regra fundamental e imutável que assegura a existência do grupo como grupo.[5]

Por conseguinte, a proibição do incesto não é tanto uma interdição, mas uma obrigação: ela não visa a impedir uma união, mas a obrigar "a dar mãe, irmã ou filha a outrem"[6], inaugurando então a existência do social como lugar de troca. A família não está mais só, a aliança é possível e a cultura nasce. As estruturas de parentesco não são estruturas sociais; elas são aquilo que faz aparecer o social sobre o fundo de uma natureza remanejada e excedida. Elas são o princípio de uma forma de linguagem em que a mulher é signo de troca, o elemento de um sistema simbólico em que aquilo que é o objeto de desejo sexual se torna moeda de troca e abertura da relação com o outro. Linguagem particular, de qualquer modo, dado que a mulher não é apenas signo, ela é pessoa, o que dará

---

5. C. Lévi-Strauss, *Les Structures élémentaires de la parenté*, op. cit., p. 551.
6. Ibidem, p. 552.

à estrutura de parentesco o teor afetivo e humano que nenhum outro sistema simbólico pode reivindicar.

Dessa forma, a análise dos sistemas de parentesco não recobre exclusivamente a questão do incesto. Lévi-Strauss irá então, em *As estruturas elementares do parentesco*, assim como em outros textos retomados em *Antropologia estrutural*, entrar em detalhes sobre as configurações de aliança. Como mencionamos anteriormente, ele usará aqui a proximidade entre estrutura de parentesco e estrutura linguística, a fim de mostrar em que certos elementos do sistema familiar, no caso o tio materno, ocupam um papel inteiramente singular, da mesma forma que certos sons ocupam uma função particular dentre a enorme diversidade daqueles que o sistema vocal pode produzir.

O argumento principal que justifica a identificação do irmão da mãe como elemento de parentesco, isto é, como princípio do sistema, é que esse tio é o único indivíduo simultaneamente presente numa relação de consanguinidade, de aliança e de filiação com os outros membros da família. Ele também se encontra no centro do sistema de proibição do incesto, baseado no fato de que é um irmão que autoriza a união de sua irmã. O avunculato — nome da estrutura que atribui ao tio o papel principal — é o átomo de parentesco a partir do qual todos os sistemas complexos vão se elaborar. Compreendemos assim a própria natureza da estrutura, que estatui sobre as relações, e jamais sobre elementos isolados, sendo nisso análoga a uma linguagem:

> O que de fato é verdadeiramente "elementar" não são as famílias, os termos isolados, mas a relação entre esses termos. Nenhuma outra interpretação pode dar conta da universalidade da proibição do incesto, da qual a relação avuncular, em seu aspecto mais geral,

é um corolário, por vezes manifesto, e outras vezes encoberto.[7]

As quinhentas páginas de *As estruturas elementares do parentesco* vão multiplicar as abordagens empíricas dessa combinatória de aliança, estabelecendo de maneira progressiva a natureza dos átomos de parentesco e a tipologia das relações.[8] Esse conjunto se baseia numa riquíssima documentação e o campo foi amplamente tratado pela etnologia americana. Quanto ao totemismo, em primeiro lugar, mas sobretudo com os mitos, ocorre de modo diferente; para eles, será preciso construir inteiramente uma nova linguagem estrutural.[9]

---

7. C. Lévi-Strauss, *Anthropologie structurale*, op. cit., p. 68.
8. Lévi-Strauss insistirá muito, principalmente em *Antropologia estrutural dois*, sobre o caráter primitivo da estrutura que determina as relações entre os quatro elementos de um sistema que une irmão, irmã, marido e mulher, pai e filho, tio materno e sobrinho.
9. Cf. C. Lévi-Strauss e D. Eribon, op. cit., p. 183: "Nada disso ocorreu com os mitos, que a literatura me oferecia no estado de materiais brutos, praticamente inexplorados. Foi-me necessário então, num caso particular, tentar criar um idioma, eventualmente extensível caso estudos similares, que enfocassem outras regiões do mundo, confirmassem sua validade geral."

XIII
O totemismo

A ideia de base de Lévi-Strauss na análise do totemismo é que essa instituição não é própria das sociedades primitivas, e que diz muito mais respeito a uma "lógica classificatória universal, que utiliza os afastamentos diferenciais observáveis entre as espécies animais e vegetais, a fim de conceitualizar as descontinuidades entre os grupos sociais".[1] Com essa definição, Lévi-Strauss afasta a ilusão que consiste em basear o totemismo na percepção de afinidades ontológicas entre homens e animais: ele deve ser percebido como uma estrutura, isto é, como um sistema de relações em que a própria natureza dos elementos conectados não é determinante.

Portanto, se em termos quantitativos o totemismo não tem a mesma importância dos estudos mitológicos, apesar disso apresenta um interesse estratégico particular: a respeito de um dos temas mais clássicos da etnologia, Lévi-Strauss irá desenvolver uma abordagem estrutural que intelectualizará o fenômeno e o abrirá para as dimensões do universal. O totemismo nos interessa não enquanto prática exótica reservada aos povos sem escrita, mas como lógica própria do espírito humano, que o totemismo evidencia mais visivelmente, mas que está bem presente para qualquer homem.

---

1. P. Descola, op. cit., p. 177.

Totemismo hoje tem, assim, um tom polêmico, que obedece a uma necessidade conceitual. Percebemos isso desde as primeiras páginas, quando Lévi-Strauss examina a força psicológica da invenção do totemismo:

> Para manter a integridade e do mesmo gesto fundar os modos de pensamento do homem normal, branco, adulto, nada poderia ser então mais cômodo que reunir fora dele costumes e crenças — na verdade, bem heterogêneos e dificilmente isoláveis — em torno dos quais viriam se cristalizar, numa massa inerte, ideias que tivessem sido menos inofensivas, se tivesse sido necessário reconhecer sua presença e sua atividade em todas as civilizações, inclusive a nossa. O totemismo é, em primeiro lugar, a projeção fora de nosso universo, como se fora um exorcismo, de atitudes mentais incompatíveis com a exigência de uma descontinuidade entre o homem e a natureza, que o pensamento cristão tinha como essencial.[2]

O ensaio de Lévi-Strauss constitui um contraexorcismo: trata-se de reintegrar na estrutura inconsciente do espírito humano um dispositivo lógico que havia sido expurgado para as margens da civilização. Percorrendo então as definições de Durkheim, Frazer e Boas, Lévi-Strauss mostra que a própria noção de totemismo é mal definida, o que não o impedirá de tomá-la por objeto, sem sequer modificar o termo. Como ele mesmo afirma, "as necessidades do diálogo autorizam as concessões de vocabulário".[3]

Se quisermos nos compreender minimamente, podemos conceber o totemismo como o conjunto das relações

---

2. C. Lévi-Strauss, *Le Totémisme aujourd'hui*, op. cit., p. 451.
3. Ibidem.

idealmente colocadas entre uma série natural que inclui categorias e indivíduos, e uma série cultural que inclui grupos e pessoas. O totemismo australiano postula dessa forma uma relação específica entre uma espécie animal e uma fração particular do grupo social; ou, ainda, na Polinésia a sociedade de Tikopia estrutura, por uma relação particular entre chefes de clãs e espécies vegetais, o princípio de distinção entre os clãs. A ilusão totêmica consiste então em reter arbitrariamente, dentre as combinações possíveis, as formas que nos parecem as mais afastadas de nosso próprio modo de pensar.

A longa análise que se segue, dedicada sobretudo ao totemismo australiano, tentará fundamentar empiricamente essa tese, mostrando por que as interpretações até aqui propostas não observam a unidade lógica da estrutura totêmica, fazendo explodir a noção numa pluralidade injustificável de formas concretas. Ele observa também que a perspectiva funcionalista de Malinowski[4] não é de fato mais fecunda que aquela, estritamente naturalista, de Elkin[5]: a estrutura totêmica não é redutível nem a uma função social, nem a uma função natural de adaptação ao meio. Ela também não é uma expressão pulsional ou emocional. A compreensão estrutural só parece possível integrando-se os fenômenos totêmicos no interior de um quadro intelectual mais amplo, aquele

---

4. Bronislaw Malinowski (1884-1942), antropólogo, etnólogo e sociólogo polonês, fundador, com Radcliffe-Brown, do funcionalismo, autor principalmente de *Sexo e repressão nas sociedades selvagens*, *Mœurs et coutumes des Mélanésiens*, *Argonautas do Pacífico Ocidental* e *Les Dynamiques de l'évolution culturelle* [As dinâmicas da evolução cultural].

5. Adolphus Elkin (1891-1979), religioso anglicano e antropólogo australiano, especialista em populações aborígines da Austrália, autor principalmente de *The Australian Aborigines: How to Understand Them* [Aborígines australianos: como entendê-los], *Aboriginal Men of High Degree* [Homens aborígines de alto grau] e *Citizenship for the Aborigines* [Cidadania para os aborígines].

delimitado por duas questões fundamentais e de alcance mundial: "Como cada sociedade concebe a relação entre os seres humanos e as outras espécies naturais?"[6], e "Como, por outro lado, grupos sociais são identificados por meio de emblemas, de símbolos ou de objetos emblemáticos ou simbólicos?".[7]

As intuições fundamentais para a resolução dessas questões não provêm dos etnólogos, mas daquele que soube compreender as manifestações elementares da inteligência humana como a chave de uma articulação universal entre a natureza e a cultura, Jean-Jacques Rousseau. Nessa passagem, já citada, Lévi-Strauss faz de Rousseau o verdadeiro precursor de uma etnologia comparatista. Ele foi o primeiro a compreender que a cultura aparece como "a emergência de uma lógica que opera por meio de oposições binárias"[8]; o totemismo é uma das manifestações dessa exigência estrutural, sem a qual o homem não é homem.

É muito significativo que Rousseau tenha compreendido o essencial do fenômeno totêmico sem sequer ter suspeitado da existência institucional: no fundo de si mesmo, ele tocou a estrutura, que não é aqui uma estrutura da consciência do sujeito, mas sim uma estrutura do inconsciente presente em Rousseau, assim como no aborígine australiano. O totemismo não deve sua substância ao fora, conclui Lévi-Strauss; ele não é produzido pelo Ocidente ao rejeitar aquilo que ele não é, mas por esse Ocidente que descobre aquilo que o estrutura, ao mesmo título que os povos sem escritura.

---

6. C. Lévi-Strauss, *Le Totémisme aujourd'hui*, op. cit., p. 529.
7. Ibidem.
8. Ibidem, p. 544.

XIV
Mitológicas

O interesse de Lévi-Strauss pelos mitos não deixa de ter relação com essa intuição poderosa de Rousseau. A estrutura mítica, como o totemismo, ocupa um lugar privilegiado, para dizê-lo sucintamente, entre natureza e cultura. Numa linguagem mais técnica e mais precisa, o pensamento mítico é o lugar em que se articula um duplo determinismo:

> Um impõe ao pensamento mítico restrições que resultam da relação a um meio particular; o outro traduz exigências mentais que se manifestam com constância, independentemente das diferenças entre os meios.[1]

A hipótese que preside às *Mitológicas* é a seguinte: há uma afinidade de princípio entre essas duas restrições, a ponto de a análise dos mitos permitir descrever o inconsciente estrutural que explica suas invariantes, integrando a consideração das singularidades que provêm da diversidade das circunstâncias. Mais, ainda: essa afinidade também se organiza estruturalmente, e a transformação dos mitos segundo os contextos obedece, da mesma forma, a invariantes identificáveis. Vemos aqui a imagem da tabela periódica: a pluralidade das instituições e das

---
1. C. Lévi-Strauss, *Le Regard éloigné*, op. cit., p. 160.

narrativas míticas pode ser inserida num sistema de combinações entre os elementos de um repertório ideal de alcance universal.² Esse repertório não é submetido à variação, sendo impermeável aos acasos da história.

O trabalho de Lévi-Strauss não se reduz a essas considerações epistemológicas e ao esclarecimento de algumas intuições: será preciso verificar a hipótese estrutural, na minúcia de uma pesquisa empírica, sobre o maior número possível de mitos. Mais exatamente: 813 mitos e um milhar de variantes³, aos quais podemos adicionar todos os mitos estudados em *A oleira ciumenta*, em *História de lince* e até mesmo em *La Voie des masques*, sendo as máscaras em questão só compreensíveis em sua relação com uma estrutura mítica.⁴

O princípio fundamental de todo mito é pensar qualquer problema como homólogo a outros problemas que se colocam em outros planos.⁵ A esse primeiro nível de construção do mito se soma a estrutura dos laços que se estabelecem entre suas diferentes versões. O mito pensa o mundo segundo o modo da homologia, mas principalmente pensa a si mesmo, segundo uma lógica passível de ser reconstruída, se bem que permaneça inconsciente à totalidade dos vetores do mito.

A análise estrutural deve então ser feita em três níveis: compreender o código de primeira ordem, o da linguagem, que codifica a narrativa do mito; em seguida, apreender o código de segunda ordem que estrutura essa narrativa do ponto de vista de seu conteúdo e de sua narração; por fim, identificar o terceiro nível, constituído pelo "sistema dos axiomas e dos postulados que definem o melhor

---

2. Ibidem, p. 215.
3. A cifra foi dada por Didier Eribon em *De près et de loin*, op. cit., p. 178.
4. C. Lévi-Strauss, *La Voie des masques*, op. cit., p. 882.
5. C. Lévi-Strauss e D. Eribon, op. cit., p. 194.

código possível, capaz de oferecer uma significação comum às elaborações inconscientes".[6] O antropólogo elabora assim as regras de tradutibilidade recíproca de vários mitos, escolhidos precisamente em função de seu distanciamento cultural.

Antropologia estrutural se dedicará a refinar esse modelo de uma lógica mítica baseando-se numa constatação: embora tudo possa acontecer num mito e seu conteúdo pareça totalmente contingente, ou até mesmo fantasioso, os mitos se parecem muito, de um lado a outro da Terra[7]. A estrutura necessária dos mitos é constituída por uma lógica de combinação entre o tempo e a permanência:

> Um mito se relaciona sempre com acontecimentos passados: "antes da criação do mundo", ou "durante as primeiras eras" ou, em todo caso, "há muito tempo". Mas o valor intrínseco atribuído ao mito provém do fato de que os acontecimentos, que se presume desenrolarem em dado momento do tempo, formam também uma estrutura permanente.[8]

Essa articulação se constrói no mito por meio de uma narrativa, e ela funciona sob um modo linguístico, isto é, segundo um sistema de diferenças. Podemos então isolar aqui unidades constitutivas, chamadas *mitemas*[9], que

---

6. C. Lévi-Strauss, *Le Cru et le cuit*, op. cit., p. 20.
7. C. Lévi-Strauss, *Anthropologie structurale*, op. cit., p. 237.
8. Ibidem, p. 239.
9. Podemos assim pensar a dupla rei/pastora, sempre presente nos contos de fada, como a unidade de base mitológica que permite estruturar a oposição natural entre o macho e a fêmea, ao mesmo tempo que a oposição cultural entre o alto e o baixo. O mitema tem a especificidade de permitir dizer a relação significante entre os termos que já são relacionados em si mesmos.

num primeiro momento aproximaremos empiricamente, para em seguida situá-las num sistema tão simples e explicativo quanto possível — o conjunto desse procedimento deve dar conta da natureza essencialmente relacional do mitema.

O mitema é uma *palavra de palavras*, segundo a curiosa expressão usada em *Antropologia estrutural dois*[10]: ele tem uma significação primeira advinda da linguagem, mas tem também e ao mesmo tempo uma supersignificação que provém da estrutura relacional em que ele toma lugar. Certamente a análise deverá então compreender e restituir a narrativa, mas sobretudo deverá reconstruir essa lógica segunda que forma a sintaxe do mito. Em todas as variações culturais e temporais que um mito sofre no decorrer de sua existência, essa sintaxe constituirá a invariante resistente que permitirá que o sentido do mito se mantenha, apesar dos episódios de interferência e de confusão.[11]

Tomemos um exemplo: *A oleira ciumenta* se debruça sobre a análise de mitos ligados à cerâmica, na Califórnia e nos Andes. Lévi-Strauss esclarecerá primeiro as analogias entre esses dois grupos, em que pese serem geograficamente muito distanciados. Em seguida ele tentará reconstruir a lógica das relações entre os elementos aparentemente heteróclitos que constituem a narrativa mítica. Por fim, aproximará essa lógica daquela depreendida pelas práticas, tais como a psicanálise.

O primeiro grau de análise permite identificar a armadura do mito, isto é, as relações de correlação e de oposição entre o norte e o sul das Américas na utilização de um mitema comum, por exemplo, a lua em sua relação com o sol. A repetição desse tipo de pesquisas empíricas

---
10. C. Lévi-Strauss, *Anthropologie structurale deux*, op. cit., p. 171.
11. Ibidem, p. 223.

permite formar uma tabela de mitemas e de leis de tradutibilidade entre os diferentes níveis ontológicos que se articulam analogicamente neles. A análise estrutural deve atuar sobre uma gama variada de codificações, cada mito utilizando alguns dentre eles, segundo uma lógica específica. No final das contas se esboça uma estrutura universal da significação, que se apresenta no espelho de aumento do mito, mas que na realidade concerne ao exercício do pensamento em geral.[12]

A essa lógica de constituição dos mitemas se agrega uma lógica de sua transformação por derivação. O laço entre as formas contingentes dos mitos é necessário em dois níveis: em primeiro lugar, na sintaxe de cada uma delas e, em seguida, na estrutura da passagem entre suas versões sucessivas. Essa segunda lógica articula a necessidade infraestrutural do pensamento mítico à aleatoriedade da situação, organizando processos complexos de ajuste e de atenuação das contradições[13] que permitirão a sobrevivência do mito em novas condições.

Essas modificações são discretas, no sentido matemático do termo — isto é, segundo uma visibilidade máxima —, e não podem romper em segredo com a armadura mental do mito[14] — e, portanto, do pensamento, que funciona por contrariedades, inversões e oposições determinadas. Podemos esboçar o quadro desses procedimentos de mudança que deslocarão o inconsciente mítico sem atenuar sua eficácia.

Por meio desses múltiplos estratos de codificações, o mito tende a uma abstração cada vez maior, a partir de seu material natural. Essa abstração não é produzida pelo mitólogo estrutural, mas é somente identificada por ele.

---

12. C. Lévi-Strauss, *La Potière jalouse*, op. cit., p. 1231.
13. C. Lévi-Strauss, *L'Homme nu*, op. cit., p. 562.
14. Ibidem, p. 604.

A análise culmina então na visão de um verdadeiro sistema conceitual: este pode então se destacar totalmente de sua origem mítica e produzir uma filosofia ou uma ciência, o que ocorreu no Ocidente.[15] Contudo, pode também permanecer no sistema mítico e prosseguir o trabalho de transformação. Não há aí nenhuma diferença de qualidade ou de valor; somente duas evoluções possíveis e contingentes a partir de uma estrutura comum, universal e inconsciente.

A análise dos mitos não diz respeito a uma atenção piedosa por um modo de reflexão que perdeu a partida. Conservando um enorme respeito pelo pensamento científico, Lévi-Strauss deseja simplesmente que se reconheça ao pensamento mítico um poder singular, o de uma imaginação que ultrapassa os conhecimentos positivos e que pode mesmo às vezes torná-los mais acessíveis, quando ultrapassam qualquer possibilidade de figuração concreta. Podemos até mesmo dizer que as evoluções mais recentes da ciência reatualizam a necessidade de um pensamento mítico que saberia reconduzir o matematizável ao figurável:

> Do modo menos esperado, é o diálogo com a ciência que torna o pensamento mítico novamente atual.[16]

O pensamento selvagem que aparece no mito é, assim, não apenas nosso próprio pensamento no estado selvagem — sua estrutura expressa, no estado puro, sistemas de oposições que continuam a irrigar o pensamento, inclusive o pensamento científico —, mas também um modo cuja análise talvez nos permita ainda melhor nos civilizarmos.

---

15. C. Lévi-Strauss, *Du Miel aux cendres*, op. cit., p. 406.
16. C. Lévi-Strauss, *Histoire de lynx*, op. cit., p. 1268.

XV
A ciência do concreto ou pensamento selvagem

Por várias vezes já utilizamos *O pensamento selvagem*, tamanha a importância desse texto para compreender as motivações intelectuais do estruturalismo. Gostaríamos de voltar rapidamente a ele para examinar o que diz sobre a natureza específica dessa lógica de antes da domesticação, tão aparente nos mitos, mas também eficaz em *qualquer* forma de pensamento. Essa posição de uma estrutura inconsciente do pensamento comum a todas as culturas está presente na totalidade da obra e, portanto, já em *Tristes trópicos*. Depois de ter anotado que o espaço urbano parece se organizar segundo uma espécie de intuição inconsciente de ordem cósmica, Lévi-Strauss coloca o que talvez seja sua tese mais importante:

> Os mitos e os símbolos do selvagem devem parecer para nós, se não como uma forma superior de conhecimento, ao menos como a mais fundamental, a única verdadeiramente comum, da qual o pensamento científico constitui somente a ponta cortante: mais penetrante, dado que afiada na pedra dos fatos, mas ao preço de uma perda de substância.[1]

---
1. C. Lévi-Strauss, *Tristes Tropiques*, op. cit., p. 111; a mesma ideia pode ser encontrada em C. Lévi-Strauss, *Anthropologie structurale*, op. cit.,

Como vimos, a antropologia tem por objeto elaborar essa lógica do concreto que estrutura o pensamento, em geral, e as formas de pensamento mais distanciadas de nós, em particular.² Essa elaboração não passa pela introspecção de um sujeito consciente que reflete ao modo cartesiano ou husserliano nos princípios de suas operações mentais, mas por uma colocação entre parênteses do sujeito, em proveito de um pensamento inconsciente, anônimo, um "isso pensa", ou é, ainda, o movimento racional "pelo qual o sensível se traduz em significações".³

O pensamento selvagem tenta identificar a estrutura desse pensamento anônimo como uma exigência de ordem que faz funcionar qualquer pensamento. Em ação sobretudo nas classificações totêmicas, que Lévi-Strauss analisa escrupulosamente, esse princípio de ordem tem, de particular em relação à lógica científica, o fato de permanecer enraizado na qualidade sensível, conquanto a abstração se elabore nele.⁴ A originalidade do texto é afirmar o valor lógico e intelectual dos procedimentos do pensamento selvagem, definidos por sua poderosa ambição simbólica, mas também por uma atenção ao concreto próxima da ciência experimental. Reduzir tal dispositivo conceitual a superstições arbitrárias só pode dizer respeito ao etnocentrismo ou à imbecilidade.⁵

O pensamento selvagem observa e interpreta num só gesto, como a linguagem diz e significa ao mesmo tempo. Dessa forma, é não somente mais concreto, mas também mais intimamente estruturado pela língua que o pensamento

---

p. 265: "A mesma lógica se encontra em ação no pensamento mítico e no pensamento científico."
2. C. Lévi-Strauss, *Anthropologie structurale deux*, op. cit., p. 83.
3. J.-F. Lyotard, op. cit., p. 62.
4. C. Lévi-Strauss, *La Pensée sauvage*, op. cit., p. 629.
5. Ibidem, p. 793.

científico. Isso não lhe confere nenhuma superioridade, mas o aproxima da estrutura inconsciente do espírito, do qual notamos a dimensão analogicamente linguística.

Fica claro o que podemos reprovar a Lévi-Strauss nesse texto. Será que ele não atribuiu arbitrariamente ao seu objeto os próprios princípios do estruturalismo — a bricolagem, o paradigma linguístico, o gosto pelas combinatórias? Mais sutilmente, e segundo a justa expressão de Ricœur, Lévi-Strauss teria o direito de jogar sistematicamente a sintaxe contra a semântica, a estrutura contra a história, a sincronia contra a diacronia, como se mitos tão complexos quanto o Gênesis pudessem ser interpretados independentemente das intenções conscientes e historicamente situadas dos homens que nele investiram o sentido?[6]

A crítica é legítima, mas Lévi-Strauss já respondeu a ela. Para ele, não se trata de desprezar a ciência, a consciência, a história, o progresso e tudo aquilo que constitui o orgulho do Ocidente. Trata-se somente de pensar esses conceitos a partir de algo mais antigo que eles, segundo uma lógica da suspeita que, por mais filosófica que seja na origem, encontra no material antropológico os meios de seu efeito.

---

6. P. Ricœur, op. cit., p. 375.

Terceira parte

O efeito estrutural

XVI
O fim do sujeito

Esta terceira e última parte tem por objeto avaliar o impacto do pensamento de Lévi-Strauss nos grandes debates intelectuais da segunda metade do século XX, seja esse impacto voluntário ou não. Comecemos aqui por uma das visadas mais explícitas da antropologia estrutural: liquidar o conceito filosófico de sujeito. Foucault notou bem: a etnologia, a linguística e a psicanálise são meios de compreender um pensamento anônimo e restrito, do qual o sujeito é excluído como uma noção inútil ou até mesmo deletéria.

> Pensamos no interior de um pensamento anônimo e restritivo que corresponde a uma época e a uma linguagem. Esse pensamento e essa linguagem têm suas leis de transformação. A tarefa da filosofia atual e de todas as disciplinas teóricas que mencionei é atualizar esse pensamento de antes do pensamento, esse sistema de antes de qualquer sistema [...]. Ele é o fundo sobre o qual nosso pensamento "livre" emerge e cintila durante um instante.[1]

Sem dúvida, Lévi-Strauss poderia ter empregado as mesmas palavras para dizer a mesma coisa. Por esse motivo, ele se inscreve numa das orientações maiores do

---
1. M. Foucault, *Dits et écrits*, op. cit., p. 543.

pensamento francês contemporâneo e contribui, pela potência de sua obra, para o relativo sucesso do empreendimento de destruição do sujeito, que faz contrapeso à sua manutenção na fenomenologia e na hermenêutica. A esse respeito, e apesar do abismo que os separa de um ponto de vista humano, político e psicológico, Lévi-Strauss está próximo não somente de Foucault, mas também de Derrida ou mesmo de Deleuze.

A crítica do sujeito não se apresenta como uma crítica filosófica do sujeito cartesiano, kantiano, hegeliano ou husserliano, mas como um requestionamento da própria validade do conceito, mais que da realidade que ele tende a designar. A crítica do sujeito não visa forçosamente a se livrar dele, mas a introduzir novos modos de uma subjetivação que escaparia das ilusões do eu [*je*] transcendental ou ao devaneio do psicologismo.[2]

Essa crítica pode então se construir segundo dois eixos bem distintos: de um lado, na inscrição da subjetividade das estruturas que a ultrapassam e a constituem; por outro, na revelação psicanalítica de uma obscuridade radical do sujeito em relação a si mesmo. A articulação desses dois eixos trata de denunciar o narcisismo transcendental do sujeito filosófico, que ainda crê que todo campo transcendental exige um princípio de unidade ou, mais simplesmente, que só há conhecimento se colocarmos em sua fonte e em seu fundamento a tranquilizadora estabilidade de um sujeito.

O traço mais característico do estruturalismo em geral, e sua aplicação à antropologia em particular, é a compreensão dos determinantes sociais e culturais como uma forma de linguagem. Assim como a linguagem, inúmeras

---

2. Para uma apresentação diversificada das variadas formulações dessa crítica, será útil consultar a coletânea *Après le Sujet, qui vient?*, Cahiers Confrontation, Paris, Aubier, 1989, nº 20.

formas da vida social se constroem por diferenciação, o que leva a antropologia a ter como tarefa a elaboração de uma teoria geral das relações entre os elementos assim diferenciados.[3]

Com base nessa analogia fundamental, podemos afirmar que o sujeito não tem um papel mais determinante na construção da estrutura que um locutor individual tem na elaboração da própria língua. A realidade do sujeito não é negada, pois seria tão absurdo afirmar que não há agentes sociais quanto dizer que a linguagem não tem necessidade de ser falada por indivíduos reais. Contudo, suas pretensões metafísicas são seriamente abordadas pela redução do campo das possibilidades culturais a um campo transcendental desprovido de centro e de princípio sintético.

O *homem nu* estabelece, com um vigor e uma garra bem raras em Lévi-Strauss, o atestado de óbito do sujeito, que responde, segundo o autor, à intolerância dos fiéis da tradição cartesiana.[4]

A frequentação do pensamento selvagem convenceu Lévi-Strauss de que o sujeito da enunciação e, portanto, o próprio autor de qualquer obra são apenas singularidades — lugar de um espaço em que ocorrem acontecimentos —, e jamais sujeitos no sentido filosófico do termo, que unificam numa consciência homogênea o conjunto das modalidades do pensamento e da ação.

> Se há, de fato, uma experiência íntima em que vinte anos dedicados ao estudo dos mitos penetraram aquele que escreve estas linhas, ela reside nisto: que a consistência do eu [*moi*], preocupação maior de toda a filosofia ocidental, não resiste à sua aplicação contínua ao

---

3. C. Lévi-Strauss, *Anthropologie structurale*, op. cit., p. 115.
4. C. Lévi-Strauss e D. Eribon, op. cit., p. 227.

mesmo objeto, que a invade inteiramente e a impregna do sentimento vivido de sua irrealidade.⁵

Em outras palavras: o fato de estrutura é primeiro, o fato de consciência é derivado, mesmo que, é claro, possa ocasionalmente ter uma função na formalização da estrutura primeiramente inconsciente do espírito humano. E se o eu [*moi*] do autor pode intervir, será somente ao termo de um empreendimento científico do qual ele terá sido deliberada e absolutamente excluído, limitando-se sua intervenção a comentar o trabalho efetuado.⁶ Assim, a própria noção de autor não tem mais lugar na investigação; ele só tem legitimidade em suas margens, quando se trata, como Lévi-Strauss por vezes faz, de explicar, a partir de sua existência, aquilo que justificou a exclusão dessa própria existência da análise científica.

Contra a filosofia dominante, de essência cartesiana ou kantiana, o estruturalismo sempre preferirá uma racionalidade sem sujeito a um sujeito sem racionalidade, refúgio de uma identidade pessoal sobre a qual tudo nos diz que ela é apenas uma miragem⁷, ou uma ficção consoladora cujo referente, o *eu* [*moi*], não tem outra realidade senão aquela de um cintilamento de superfície, de um efeito determinado por forças — pulsões, estruturas, mecanismos socioeconômicos — que escapam de sua intervenção. Podemos então, sem arrependimentos, deixar o sujeito para aqueles que não honram a exigência científica e preferir para ele outra lógica, cujo poder explicativo justifica amplamente que se lhe sacrifique o conforto de uma subjetividade artificialmente preservada, um império num império.

---

5. C. Lévi-Strauss, *L'Homme nu*, op. cit., p. 559.
6. Ibidem, p. 562.
7. Ibidem, p. 614.

XVII
A dissolução do homem

Foucault, nas últimas páginas de *As palavras e as coisas*, retomava uma fórmula nietzschiana, aplicando-a à contingência do conceito de homem: "Estamos presos às costas de um tigre."[1] A finitude que cremos encarnar sozinhos, o homem que parece "sempre ter sido" e o próprio humanismo são momentos de uma história e não podem então pretender uma validade permanente. Essa fluidez conceitual é muito mais significativa no caso do homem, dado que seu conceito já é de saída delicado, instável, frágil, hesitando entre reflexão pura e congestionamento empírico. O homem moderno não é um sujeito transcendental todo-poderoso, que abraça o real pela força de seu poder sintético: ele é um ser finito, à margem de uma experiência que não domina, em que não se reconhece, mas que o constitui como homem finito.

Lévi-Strauss também considera — porém por razões diferentes — que aquilo que faz deve atingir a destruição do mesmo conceito.[2] Assim como Foucault, ele se defende de qualquer anti-humanismo prático, colocando uma clara distinção "entre um método científico (ou teórico) que dissolve o homem como objeto epistemológico e um pensamento filosófico que o reintroduz como unidade,

---
1. M. Foucault, *Les Mots et les choses*, op. cit., p. 333.
2. C. Lévi-Strauss, *La Pensée sauvage*, op. cit., p. 824.

valor, sensibilidade mesmo".[3] A dissolução do conceito de homem não pode, portanto, ser pensada como um anti-humanismo político ou moral. Ela se baseia no fato de que o conceito é inoperante na formação de uma antropologia estrutural, ou que ele é somente uma possibilidade histórica contingente e passageira, cujo fim está próximo.

As críticas mais virulentas do que é falsamente qualificado de anti-humanismo contemporâneo se baseiam num amálgama do qual Lévi-Strauss também será vítima[4]: criticar o humanismo seria, no fundo, criticar a racionalidade das Luzes. Não se pode ceder àquilo que Foucault chama adequadamente de chantagem do humanismo.[5] Em primeiro lugar, o pensamento francês acusado de anti-humanismo se apresenta como um racionalismo incondicional, um prolongamento crítico da filosofia das Luzes, e por certo não como um empreendimento de destruição de toda racionalidade. Sem dúvida se dirá, e não de todo sem razão, que alguns autores como Deleuze ou Lyotard são muito circunspectos quanto à possibilidade de prosseguir *atualmente* o projeto das Luzes. Mas não encontraremos neles uma desqualificação desse projeto em si mesmo, e ainda menos uma rejeição de seus representantes mais eminentes, começando por Kant. As pretensões científicas da antropologia estrutural também confirmam essa ligação com a racionalidade.

Lévi-Strauss considera mesmo que a dissolução estrutural do homem confere ao humanismo prático, moral e político, uma qualidade nova, que tende até para

---

3. D. Janicaud, *L'Homme va-t-il dépasser l'humain?*, Paris, Bayard, 2002, p. 27.
4. C. Lévi-Strauss e D. Eribon, op. cit., p. 226.
5. M. Foucault, *Dits et écrits II*, op. cit., pp. 1391 e ss.

um humanismo científico, e generalizado. Seu propósito é bem firme sobre esse ponto:

> Buscando nossa inspiração no seio das sociedades mais humildes e mais desprezadas, ela proclama que nada de humano seria estrangeiro ao homem, e funda assim um humanismo democrático que se opõe àqueles que o precederam, e que foram criados por privilegiados, a partir de civilizações privilegiadas.[6]

A antropologia estrutural funda o humanismo destruindo o homem, ou melhor, substituindo o homem ocidental do humanismo clássico[7] pelo homem nu, aquele de um pensamento selvagem que é, como vimos, o pensamento de todos em sua matinal germinação.

---

6. C. Lévi-Strauss, *Anthropologie structurale deux*, op. cit., p. 322.
7. O conceito de homem de que se trata aqui é aquele que o humanismo colocou no centro do mundo, como princípio explicativo e interpretativo do real. Tradicionalmente constituído por uma racionalidade todo-poderosa, ele é o lugar único da significação, fato de que o estruturalismo em geral constantemente duvidou.

XVIII
Epistemologia estrutural

Para além das polêmicas em torno do sujeito ou do humanismo, Lévi-Strauss, na qualidade de cientista, renovou de maneira profunda a epistemologia das ciências humanas, tentando nela aplicar um positivismo relativamente estrito e, em todo caso, uma vontade de objetivação do humano bem rara nesse campo.

Percebemos desde a abertura desta obra: a rejeição, por Lévi-Strauss, de uma filosofia que ele considera amplamente ultrapassada repousa sobre sua vontade de produzir uma obra científica. Pensar o homem sem procurar fundar esse pensamento nos conhecimentos mais recentes e mais precisos disponíveis a respeito das culturas e dos indivíduos mais diversos equivale a se contentar com uma objetividade vazia e vã. O único pensamento do homem intelectualmente aceitável é então uma ciência humana que não reivindicará, ao contrário do que é tão frequentemente escrito, poder fazer a economia dos princípios que se exige, com justiça, das ciências naturais.

A antropologia como ciência humana englobante certamente tem seus métodos específicos, mas eles não apresentam uma maleabilidade do objetivismo ou uma forma de positivismo atenuado, que substituiria a compreensão pela explicação. Mais ainda: o inconsciente estrutural se situa na intersecção de um processo de codificação natural efetuado pelo corpo e de uma decodificação analítica realizada pelo espírito.[1] Contra um dualismo metafísico de que Descartes é mais uma vez o infeliz instigador, as ciências humanas devem não somente desposar a forma das ciências naturais, mas também colaborar em permanência com elas.

As ciências humanas, buscando um nível de exatidão e de neutralidade axiológica comparável às ciências naturais, devem evidentemente dar conta do fato de que nelas o observador está sempre "inextricavelmente mesclado aos seus objetos de observação".[2] Não obstante, essa inferioridade das ciências humanas não deve nos fazer procurar um método diferente que permitiria transformá-la num trunfo. As únicas ciências verdadeiras são mesmo as ciências exatas e naturais, às quais se pode adicionar a linguística pelas razões que fornecemos anteriormente.

> Não há, de um lado, as ciências exatas e naturais e, de outro, as ciências sociais e humanas. Há duas abordagens, das quais somente uma é científica, por seu espírito: a das ciências exatas e naturais que estudam o mundo, e na qual as ciências humanas buscam se inspirar quando estudam o homem enquanto pertencente ao mundo.[3]

As ciências sociais tendem a ser apenas clientes das ciências naturais, ao tomar de empréstimo delas as técnicas de investigação. Deveriam antes ser discípulas, isto é, submeter-se aos mesmos critérios de objetividade dessas ciências, sem procurar construir uma autonomia artificial

---

1. C. Lévi-Strauss, *Le Regard éloigné*, op. cit., p. 164: "As vias e os meios de compreensão não dizem respeito exclusivamente à atividade intelectual mais elevada, pois a compreensão substitui e desenvolve as operações intelectuais já em ação nos órgãos dos sentidos."
2. C. Lévi-Strauss e D. Eribon, op. cit., p. 146.
3. C. Lévi-Strauss, *Anthropologie structurale deux*, op. cit., p. 361.

em relação a elas. Esse é um spinozismo fundamental de Lévi-Strauss, que recusa qualquer ideia de uma cisão entre o homem e o mundo, o mental e o natural.

Até nossos dias, as ciências humanas ainda não atingiram um nível suficiente de cientificidade para que se possa delas fazer um uso prático. É até mesmo melhor nada lhes demandar[4], a não ser, talvez, que proponham um esboço de explicação do mundo humano, capaz, como toda explicação, de substituir "uma complexidade mais inteligível por outra, que o era menos".[5]

Os princípios epistemológicos da antropologia estrutural devem assim ser compreendidos no interior de um quadro objetivista, o das ciências naturais. Lévi-Strauss mostrará as dificuldades particulares da antropologia e deduzirá algumas inflexões a serem trazidas a esse quadro, que jamais equivalerão a rupturas.

A primeira dessas dificuldades aparece a Lévi-Strauss a partir de *Tristes trópicos*, sob a forma de um dilema:

> Ou o etnógrafo adere às normas de seu grupo, e os outros só podem lhe inspirar uma curiosidade passageira, da qual a reprovação jamais estará ausente, ou então ele é capaz de se entregar totalmente a elas, e sua objetividade permanece viciada, devido ao fato de que, desejando-o ou não, para se dar a todas as sociedades, recusou-se ao menos a uma delas.[6]

Escapa-se desse dilema pelo próprio princípio do estruturalismo: reconstruir cientificamente a tabela periódica das possibilidades culturais, compreender a combinatória específica que cada cultura propõe e, então, colocar sua

---
4. Ibidem, p. 343.
5. C. Lévi-Strauss, *La Pensée sauvage*, op. cit., p. 825.
6. C. Lévi-Strauss, *Tristes Tropiques*, op. cit., p. 411.

equivalência fundamental, em termos de valores ou, mais exatamente, sua incomensurabilidade.[7]

A objetividade do etnólogo não provém de uma suspensão de sua identidade cultural, mas da aplicação de uma "técnica do desenraizamento"[8,9] que permite, pela escolha de um objeto de estudo o mais distanciado de nós, a constituição do espaço estrutural como espaço comum a todas as culturas. Em vez de opor esterilmente explicação causal e compreensão empática, a antropologia social tem a particularidade de se dar "um objeto que seja ao mesmo tempo objetivamente muito longínquo e subjetivamente muito concreto".[10]

Desse projeto decorrem regras concretas de estabelecimento dos fatos: deve-se, dessa forma, se esforçar para não confundir o funcionamento real de uma sociedade com a representação ideológica que dela fornecem os atores sociais[11]; deve-se abster de qualquer "análise estrutural dos mitos de uma sociedade caso não se disponha de um contexto etnográfico"[12]; deve-se aceitar o debate contínuo sobre o plano de referência que permite avaliar a qualidade de uma explicação etnológica[13]; por fim, jamais se deve prejulgar a unidade de seu objeto e submeter

---

7. Ibidem, p. 413. Essa ideia de incomensurabilidade talvez provenha de uma intuição de Herder, filósofo alemão contemporâneo de Kant. Permitimo-nos indicar ao leitor a obra que escrevemos sobre esse autor, *Herder*, Paris, Les Belles Lettres, 2003, p. 170.
8. C. Lévi-Strauss, *Anthropologie structurale*, op. cit., p. 139.
9. No original, *dépaysement* (literalmente: despaisamento, ficar fora do próprio país ou terra de origem), cujo sentido varia de "exilar", "desconcertar", "desorientar", na vertente negativa, até o polo oposto, o de "mudança agradável e voluntária de ambiente, de meio, de hábitos", como, por exemplo, o sentimento buscado pelo turista. [N.T.]
10. C. Lévi-Strauss, *Anthropologie structurale deux*, op. cit., p. 17.
11. Ibidem, p. 152.
12. C. Lévi-Strauss, *Histoire de lynx*, op. cit., p. 1429.
13. Cf. "Entretien avec Raymond Bellour", op. cit., p. 164.

todo resultado empírico à possibilidade de ser refutado ou completado por novas pesquisas.[14] A antropologia estrutural não é uma filosofia, precisamente porque reivindica um empirismo radical e recusa qualquer legitimidade a uma conceitualização que não se basearia integralmente em fatos. "O estudo empírico condiciona o acesso à estrutura"[15]; sem esse material, o estruturalismo cairia numa forma de idealismo, o que Lévi-Strauss rejeita totalmente. Como indica esse autor,

> o princípio de uma classificação jamais é postulado: somente a pesquisa etnográfica, isto é, a experiência, pode apreendê-lo *a posteriori*.[16]

Exigência de explicação, recusa de uma autonomia das ciências humanas, princípio empirista: a antropologia é uma ciência objetiva das estruturas do espírito humano, na qualidade de invariante inconsciente e ao mesmo tempo eficaz na emergência e no desenvolvimento das práticas sociais e de suas representações. Havíamos mencionado anteriormente: a verdadeira e única singularidade do estruturalismo é a pesquisa de um olhar distanciado, que não somente é, de modo bastante conveniente, uma aposta de neutralidade, mas sobretudo a condição da universalidade dos resultados. Aquilo que percebo como estruturando o outro não é apenas um dado objetivo, dado que não me é semelhante; o que percebo objetivamente no outro é aquilo que também me estrutura inconscientemente: "É na medida em que as sociedades ditas primitivas são tão distanciadas da nossa que podemos

---
14. Ibidem, p. 173.
15. C. Lévi-Strauss, *Le Regard éloigné*, op. cit., p. 145.
16. C. Lévi-Strauss, *La Pensée sauvage*, op. cit., p. 620.

perceber nelas esses 'fatos de funcionamento geral' de que Mauss falava, que têm chance de serem 'mais universais' e de ter 'muito mais realidade'."[17]

No fundo, Lévi-Strauss implementa cientificamente aquilo que Kant considerava como uma das máximas do senso comum, a de um pensamento aberto, que consiste em "pensar se colocando no lugar de qualquer outro ser humano"[18], sobretudo por esse outro ter sido escolhido por sua alteridade radical:

> O aprofundamento do conhecimento caminha junto com uma dilatação progressiva dos quadros precedentemente atribuídos ao saber científico tradicional: este recobre, se integra e, em certo sentido, legitima as formas de pensar que de início havia tido como irracionais e rejeitadas.[19]

---

17. C. Lévi-Strauss, *Anthropologie structurale deux*, op. cit., p. 39.
18. I. Kant, *Critique de la faculté de juger*, in: *Œuvres philosophiques*, Paris, Gallimard, Bibliothèque de la Pléiade, 1985, t. II, p. 1073. [Ed. bras.: *Crítica da faculdade de julgar*, trad. Fernando Costa Mattos, Petrópolis, Vozes, 2016.]
19. C. Lévi-Strauss, *L'Homme nu*, op. cit., p. 569.

XIX
Lévi-Strauss moralista

Devido à recusa em hierarquizar em valor as culturas humanas, a antropologia estrutural, ao contrário do que se poderia supor, não desemboca num relativismo completo. Lévi-Strauss tem o maior cuidado em propor uma forma de moral do olhar distanciado, devendo o termo moral aqui ser compreendido como uma virtude intelectual e, ao mesmo tempo, uma exigência ética. O primeiro princípio dessa moral é que se torna necessário dissociar um grande respeito pelas culturas mais afastadas da nossa e a consciência de que nossa própria cultura deve ser politicamente transformada:

> Minha solução é construtiva, dado que baseia, nos mesmos princípios, duas atitudes aparentemente contraditórias: o respeito com sociedades bem diferentes da nossa e a participação ativa nos esforços de transformação de nossa própria sociedade.[1]

---

1. C. Lévi-Strauss, *Anthropologie structurale*, op. cit., p. 394. A contradição consiste na dificuldade de conciliar duas convicções: a que justifica um engajamento político que tende à modificação de nossa cultura e que, então, tem necessidade de um critério de justiça que legitima esse engajamento; e aquela de uma tolerância de princípio em relação a outras culturas, que poderia levar à neutralização desse critério de justiça, e à aceitação eventual, no outro, de uma injustiça que não seria aceita em nossa cultura.

Já falamos sobre o socialismo da juventude de Lévi-Strauss. Mesmo que essa dimensão política de sua obra tenha perdido objetivamente sua importância no decorrer do tempo, Lévi-Strauss jamais cai numa tolerância indiferente aos males de nossa civilização. *Tristes trópicos* pretende ser uma defesa dessa atitude híbrida e delicada, permeada de curiosidade e reticências, de admiração e rejeição, aquela de um indivíduo que, apesar de detestar as viagens e os exploradores, se obriga ao desenraizamento do corpo e do espírito para melhor apreender o universal humano.

A moral do olhar distanciado une, nesse texto, uma posição intelectual muito firme — a incomensurabilidade das culturas — e observações incidentes que com frequência são duras em relação a algumas delas.[2] Assim, mas este é só um exemplo, Lévi-Strauss esboça um retrato pouco lisonjeiro das relações sociais nas grandes cidades da Índia:

> Na Ásia meridional, ao contrário, parece estar aquém ou além daquilo que o homem tem direito de exigir do mundo, e do homem. A vida cotidiana parece ser um repúdio constante da noção de relações humanas. Todos lhe oferecem tudo, todos se engajam em tudo,

---

2. Nesse aspecto, é interessante a condenação que Lévi-Strauss faz da civilização islâmica e da religião muçulmana. Ela expressa uma viva rejeição, em termos bastante surpreendentes e brutais. O antropólogo, sem rejeitar essas linhas, reconhece que as palavras que empregou numa carta de 1967 dirigida a Raymond Aron — "os breves contatos que tive com o mundo árabe me inspiraram uma inextirpável antipatia" — vão além de seu pensamento. Cf. C. Lévi-Strauss e D. Eribon, op. cit., p. 210. Notaremos aqui que Lévi-Strauss não parece atribuir uma importância suficiente àquilo que, apesar de tudo, é um dado factual: o islã não é comparável ao mundo árabe, assim como o mundo árabe não é redutível ao islã. Tal confusão nos leva a pensar que o olhar de Lévi-Strauss parece ter perdido, a respeito desse tema, a acuidade e a justeza que normalmente o caracterizam.

todos proclamam todas as competências, embora ninguém saiba nada. Assim, de saída se é obrigado a negar no outro a qualidade humana que reside na boa-fé, no sentido do contrato e na capacidade de se obrigar ao compromisso.[3]

A descrição não se quer nem agressiva, nem objetiva. Lévi-Strauss simplesmente assinala a que ponto a especificidade de uma combinatória cultural pode tornar certos comportamentos ininteligíveis para nós. Uma ininteligibilidade que leva a um julgamento negativo que, se nem sempre é moralmente ilegítimo, não tem fundamento científico. Aliás, Lévi-Strauss é amiúde mais prudente em sua apreensão da alteridade. Ele se limita, assim, a constatar nos caduveus uma grande reticência no que concerne à procriação, mas que é acompanhada por uma enorme tolerância com o aborto e o infanticídio. Lévi-Strauss não diz, é claro, que tal posição é admirável: ele constata e tenta explicar. O mesmo ocorre quando, ao encontrar os mundés, ele parece deplorar sua imensa selvageria, porém se apressa em dizer que sua decepção nada tem a ver com a humanidade deficiente de seus hospedeiros, mas com a insuficiência de seus conhecimentos ou até mesmo com seu estado de deterioração física no momento do encontro.[4]

O texto é sempre citado e resume bem o essencial da posição de Lévi-Strauss:

> Nenhuma sociedade é perfeita. Todas comportam, por natureza, uma impureza incompatível com as normas que proclamam e que se traduz concretamente por

---

3. C. Lévi-Strauss, *Tristes Tropiques*, op. cit., p. 124.
4. Ibidem, p. 349.

uma certa dose de injustiça, de insensibilidade, de crueldade.[5]

A investigação etnográfica pode determinar a dosagem que cada cultura escolhe para permitir que coexistam certas vantagens e outras tendências, talvez menos louváveis, mas que se integram na combinação singular da sociedade analisada. Quanto mais o olhar se amplia, menos as diferenças de valor parecem determinantes. Aplicada à antropologia positiva, aquela que concerne a uma motivação religiosa ou mística no tratamento dado aos mortos, essa maneira de compreender o outro desemboca na convicção de que essa prática é apenas uma das maneiras de superar a morte, e que ela é, em todos os pontos, equivalente às práticas ocidentais nessa matéria — muito diferentes, é claro, mas no fundo análogas em sua visada. Dito de outra forma: a antropofagia se baseia em crenças — a ressurreição do corpo e o dualismo entre espírito e matéria — que são precisamente aquelas em nome das quais julgamos legítimo condená-las. Lévi-Strauss não o diz, mas a eucaristia[6], em sua forma católica, se analisada por uma cultura distanciada da nossa, poderia ser interpretada como uma forma de renovação de uma antropofagia, no mínimo, simbólica.

Alguém que visse de fora algumas instituições que nos são próprias, tais como nossos costumes penitenciários, ficaria chocado, tomado por uma estupefação comparável àquela que a antropofagia suscita em nós. É mais moral afastar os indivíduos tidos como nocivos à sociedade ou pensar sua neutralização pela absorção real de seu

---

5. Ibidem, p. 414.
6. Eucaristia: celebração ou memorial da morte e da ressurreição de Jesus de Nazaré, que culmina com o compartilhamento dos elementos eucarísticos (ou comunhão), o pão e o vinho consagrados durante a missa que são, principalmente para os católicos, o corpo e o sangue de Cristo.

poder ameaçador? Lévi-Strauss, um pouco rapidamente, sem dúvida, coloca lado a lado essas práticas, negando com isso o caráter capital da diferença entre o afastamento de uma pessoa viva e a assimilação de um corpo morto. Todavia, compreendemos a equivalência axiológica entre práticas que um olhar estrangeiro condenaria identicamente. Posta em ação sistematicamente e alimentada por um abundante material empírico, essa atitude inicialmente científica tem consequências morais importantes, que Lévi-Strauss resume assim:

> Tais análises, conduzidas sincera e metodicamente, chegam a dois resultados: instilam um elemento de medida e de boa-fé na apreciação dos costumes e dos gêneros de vida mais distanciados dos nossos, sem que por isso lhes confira as virtudes absolutas que nenhuma sociedade detém. E tornam manifestos nossos usos da evidência que o fato de não conhecer outros — ou de deles ter um conhecimento parcial e tendencioso — basta para lhes emprestar.[7]

---

7. C. Lévi-Strauss, *Tristes Tropiques*, op. cit., p. 417.

XX
Natureza e cultura

A condenação do etnocentrismo que vemos em *Tristes trópicos* se baseia na definição estrutural da cultura como combinatória. Ela se inscreve, portanto, entre uma elaboração particular das noções de natureza e de cultura, e uma concepção específica do progresso da civilização e das modalidades das relações interculturais. Ocorre que esses dois aspectos, que a bem da verdade não são absolutamente determinantes — menos que a utilização do modelo linguístico ou que a noção de pensamento selvagem —, têm grande destaque na celebridade de Lévi-Strauss. É então necessário falar disso aqui, embora o impacto de uma obra nem sempre ocorra em função da importância que seu autor atribui a cada um de seus elementos.

Voltemos então ao ponto de partida do trabalho de Lévi-Strauss e à distinção entre natureza e cultura que ele coloca na abertura de *As estruturas elementares do parentesco*. Essa distinção, relativamente fiel à tradição filosófica, considera que aquilo que no homem diz respeito à natureza se caracteriza por sua universalidade e espontaneidade, sendo um fato de cultura reconhecido pela sua singularidade, sua contingência e sobretudo sua dependência de uma norma de origem social. Enfaticamente, Lévi-Strauss indica ser muito provável que essa normatividade cultural dependa em grande parte do domínio da linguagem articulada, que, é claro, não podemos excluir de todo entre os animais, mas que no homem se verifica segundo modalidades infinitamente mais complexas.

Lévi-Strauss resume sua posição no prefácio à segunda edição de *As estruturas elementares do parentesco*:

> Minha proposta seria traçar a linha de demarcação entre as duas ordens guiando-se pela presença ou pela ausência da linguagem articulada, e se poderia pensar que o progresso dos estudos em anatomia e em fisiologia cerebrais confere a esse critério um fundamento absoluto, dado que certas estruturas cerebrais do sistema nervoso central, próprias somente do homem, parecem comandar a aptidão para nomear os objetos.[1]

Lévi-Strauss chama a atenção para a fragilidade dessa distinção, e aliás a matiza fartamente. Toda a sua obra dá testemunho de uma desconfiança em relação às oposições muito claramente divididas: tantos fenômenos ditos "culturais" de fato obedecem a um determinismo tão rigoroso quanto o da natureza; tantos fenômenos ditos "naturais" só têm sentido no interior de um quadro estrutural que é, ao menos em parte, dependente de uma civilização particular. Certamente poderíamos até mesmo afirmar que o conceito de estrutura nega, em sua própria existência, a validade da distinção tradicional. Então Lévi-Strauss o mantém apenas por seu valor operatório, principalmente na análise da proibição do incesto, que pode a esse título ser considerada, ao mesmo tempo, como um transbordo da cultura na natureza ou como um chamariz — dado que o instinto sexual é o único que precisa de outrem.

---

1. C. Lévi-Strauss, *Les Structures élémentaires de la parenté*, op. cit., p. XVI.

Mais exatamente: a distinção natureza/cultura só tem utilidade para oferecer um quadro conceitual que permita identificar o nascimento da cultura como surgimento de uma normatividade tão universal quanto as leis da natureza, mas que repousa sobre relações sociais. Já havíamos visto: há sociedade e, portanto, cultura, pela regulação das trocas de mulheres numa coletividade, e é no interior dessa estrutura fundamental de troca que se explica a universalidade da proibição do incesto. Lévi-Strauss não é favorável a um estrito dualismo ontológico que separaria definitivamente natureza e cultura. Podemos mesmo considerar que o estruturalismo não tem necessidade dessa distinção para colocar suas teses fundamentais e que em linhas gerais ele resiste à sua contestação sempre mais forte, tal como ela se elabora amplamente em duas obras recentes que nos contentaremos em apenas assinalar aqui: de um lado, *La Fin de l'exception humaine* [O fim da exceção humana], de Jean-Marie Schaeffer[2]; e de outro, *Par-delà Nature et culture* [Além de natureza e cultura], de Philippe Descola, texto de que já falamos.[3]

Sendo assim, deixemos de lado essa distinção. A cultura pode ser definida como a combinação específica de normas frequentemente inconscientes que organizam as práticas sociais. Se, como vimos, nada autoriza a hierarquizar

---

2. J.-M. Schaeffer, *La Fin de l'exception humaine*, Paris, Gallimard, 2007; P. Descola, op. cit. O primeiro desses livros mostra que a pretensão do homem à excepcionalidade se baseia na ignorância deliberada dos dados científicos mais recentes que, todos, indicam a existência de traços culturais entre os animais, dos quais não temos nenhuma legitimidade em reivindicar o monopólio.

3. A tese de Descola pode ser assim resumida (op. cit., p. 13): "A oposição entre a natureza e a cultura não possui a universalidade que lhe emprestamos, não somente porque é desprovida de sentido para todos que não os Modernos, mas também devido ao fato de que ela aparece tardiamente, no decorrer do desenvolvimento do próprio pensamento ocidental."

as culturas, é ao menos necessário dar conta de sua diversidade e avaliar a legitimidade das oposições tradicionais entre culturas cumulativas e culturas estacionárias, isto é, refletir sobre a validade da ideia do progresso. *Raça e história*, juntamente com *Tristes trópicos*, o texto mais lido de Lévi-Strauss, realiza tal programa de maneira ao mesmo tempo clara e pedagógica. Retenhamos simplesmente o que diz respeito mais especificamente à antropologia estrutural, e não a uma simples condenação do racismo ou do etnocentrismo.

Lévi-Strauss não contesta, enquanto tal, a ideia de um progresso da humanidade, pelo menos do ponto de vista técnico. Entretanto, esse progresso não é contínuo, nem regular, e obedece tanto a uma lógica de propagação espacial quanto de sucessão cronológica.[4] Quando comparamos civilizações, apontando a superioridade de algumas delas — aquelas que poderiam acumular o conhecimento —, frequentemente somos vítimas de uma ilusão de ótica, que nos faz privilegiar as culturas que obedecem aos nossos critérios de avaliação sobre aquelas que só compreendemos um pouco. Essas poucas linhas são célebres:

> A cada vez que somos levados a qualificar uma cultura humana de inerte ou de estacionária, devemos nos perguntar se esse imobilismo aparente não resulta da ignorância que temos de seus verdadeiros interesses, conscientes ou inconscientes, e se, tendo critérios diferentes dos nossos, essa cultura não é, em relação a nós, vítima da mesma ilusão. Em outras palavras, nós pareceríamos mutuamente desprovidos de interesse, simplesmente porque não nos parecemos.[5]

---

4. C. Lévi-Strauss, *Anthropologie structurale deux*, op. cit., 393.
5. Ibidem, p. 398.

O conceito de progresso só tem finalmente significação plena e inteira no quadro de uma colaboração das culturas, resultante da combinação de sua aposta respectiva, no sentido do jogo. Compartilhando os riscos e as tentativas, jogando com a multiplicidade das tabelas e a diversidade dos cacifes, as culturas podem progredir conjuntamente. Ou melhor: a cultura que souber usar as experiências de outras culturas tem muito mais chance de progredir rapidamente do que outra centrada em si mesma. Não há aqui nenhuma ingenuidade um pouco vã ou um otimismo simplório: a teoria do progresso se baseia integralmente no conceito de estrutura e na concepção da cultura como combinatória.

Não se trata então de um propósito político ou moral, mas sim de uma tentativa de explicação científica da diversidade cultural. Assim, Lévi-Strauss não pretende, o que de fato seria inexato, que uma cultura só progrida dentro da construção harmoniosa de uma relação de tolerância em relação à alteridade, mas que a riqueza total das culturas depende da abertura máxima do leque de possibilidades de sua diferença, mesmo que tal abertura também signifique tensões, rupturas e conflitos.

Se *Raça e história* foi explorado, contra a vontade de Lévi-Strauss, como um manifesto do antirracismo vulgar, pelo menos tal texto não foi mal interpretado. Esse não foi o caso de "Raça e cultura", texto de uma conferência pronunciada em 1971 na Unesco. Lévi-Strauss não considera que mudou de posição. Ele deseja simplesmente aqui provocar um debate, segundo ele salutar, em torno do racismo, do antirracismo e da noção de cultura, rejeitando os bons sentimentos, mas sem romper com a recusa do etnocentrismo. Ora, foi um escândalo, que o próprio Lévi-Strauss tentou explicar no prefácio de *Le Regard éloigné*, onde o texto é retomado. O que ele teria então dito de tão repreensível?

Primeiro, que a genética tinha algo a nos dizer sobre a diversidade cultural. Tese cientificamente comprovada, essa afirmação reintroduz "o lobo entre os cordeiros"[6], havendo sido a genética maciçamente introduzida pelas doutrinas racistas. Mais grave ainda: Lévi-Strauss, ao afirmar que não é ilegítimo privilegiar sua cultura e seus valores, e mais ainda, mostrando que o progresso da humanidade se dá em função de uma dose de resistência de cada civilização a uma eventual comunhão de todas, parecia dar as costas ao seu texto de 1952. Certamente não é nada disso, embora precisemos reconhecer que o segundo texto é mais difícil de compreender e mesmo mais brutal em suas conclusões.

"Raça e cultura" começa por retomar longamente as teses de *Raça e história*, e reformula de modo diferente a condenação do etnocentrismo. Afastando-se de princípios de ordem filosófica e baseando-se dessa vez em dados mais científicos, Lévi-Strauss aceita colocar o debate no terreno da relação entre natureza e cultura ou, mais exatamente, entre a bagagem genética de uma população e seu desenvolvimento cultural. Contudo, retorna rapidamente à posição racial e racista, afirmando que "são formas de cultura que os homens adotam aqui ou ali, suas formas de viver tais como prevaleceram no passado ou ainda prevalecem no presente e que determinam, em ampla medida, o ritmo de sua evolução biológica e sua orientação".[7]

A cultura determina a evolução natural, que pode, por sua vez, influir sobre o desenvolvimento cultural, privilegiando certos indivíduos geneticamente dotados de qualidades favorecidas por essa mesma cultura. Entretanto, Lévi-Strauss tira dessa posição razoavelmente comedida uma consequência um tanto quanto surpreendente, cruzando a contribuição da genérica com suas próprias teses

---

6. C. Lévi-Strauss, *Le Regard éloigné*, op. cit., p. 15.
7. Ibidem, p. 36.

de *Raça e história*. Se o progresso da humanidade depende de uma colaboração entre culturas idealmente distanciadas — multiplicando assim as chances de sucesso —, e se além disso esse distanciamento cultural é inseparável de um distanciamento biológico, devemos concluir que uma aproximação biológica e cultural entre as culturas poderia produzir em certo grau um empobrecimento das possibilidades globais da humanidade. Não se trata de legitimar o choque das civilizações. Contudo, Lévi-Strauss se esforça para indicar os perigos disso que atualmente chamamos de globalização. Ele o faz numa fórmula um pouco desajeitada ou, em todo caso, exagerada:

> A despeito de sua urgente necessidade prática e dos fins morais elevados que ela se atribui, a luta contra todas as formas de discriminação participa desse mesmo movimento que conduz a humanidade para uma civilização mundial, destruidora desses velhos particularismos aos quais cabe a honra de ter criado os valores estéticos e espirituais que dão seu preço à vida.[8]

Compreendemos a justeza da posição de Lévi-Strauss aqui. Ela não depende de uma rejeição da comunicação das culturas, mas somente de uma convicção: essa comunicação só é proveitosa a todos se cada um se puser a defender sua singularidade. Por sua vez, a defesa não consiste em pretender que essa singularidade decorra de uma superioridade essencial de sua cultura, mas em buscar construir com outrem uma diferença de potencial tal que, entre nós, algo que se aparente a uma centelha possa acontecer. O verdadeiro apreço pelo outro está na vontade de não se parecer com ele. Vemos em que o "multiculturalismo" de Lévi-Strauss é sofisticado e exigente.

---

8. Ibidem, p. 47.

XXI
Estética estrutural

Concluamos esta terceira parte com um campo mais íntimo, mais secreto e também menos conceitual que aqueles que exploramos até aqui. Lévi-Strauss é um esteta e um apaixonado pela arte; mais ainda: ele tentou estabelecer uma relação metodológica entre o estruturalismo e o funcionamento de certas artes, em especial a música. Não desejamos apresentar exaustivamente tudo o que Lévi-Strauss pôde dizer sobre a pintura, a literatura ou as composições que aprecia. Só reteremos dos textos o que pode ser explicitamente ligado aos propósitos científicos do autor e privilegiaremos aqui o que ele diz da relação entre seu trabalho e a arte, os artistas e as obras. A expressão estética estrutural não deve ser compreendida como uma teoria da arte deduzida dos princípios estruturalistas, mas sim como um modo de pensar a possibilidade de uma definição do estruturalismo pela arte, e da arte pelo estruturalismo.

A arte está muito presente na totalidade das obras de Lévi-Strauss. Alguns exemplos bastarão para confirmar isso. *Tristes trópicos* propõe várias análises dos desenhos produzidos pelas diferentes populações encontradas, sobretudo os caduveus. O interesse das páginas dedicadas a esse objeto está na aproximação aqui esboçada entre o modo lógico do pensamento selvagem e a maneira pela qual se organiza a composição desses desenhos. Nos dois casos, não são tanto os elementos compostos que constituem o interesse e o valor da composição, mas sim as modalidades desta última. Como a linguagem, o desenho tem uma estrutura relacional:

> Quando se estuda os desenhos caduveus, uma constatação se impõe: sua originalidade não se deve aos motivos elementares, que são bem simples para terem sido inventados independentemente, mais que tomados emprestados: ela resulta da maneira pela qual esses motivos são combinados entre si.[1]

Uma mesma intuição guia as análises mais longas em *La Voie des masques*. Ela se baseia numa analogia estrutural entre a lógica do mito e a da tipologia das máscaras. Mais precisamente: se podemos mostrar experimentalmente que os mecanismos que presidem à transformação entre os tipos de máscaras são análogos àqueles que organizam a transformação entre os mitos, dos quais essas máscaras são a ilustração, justificaremos a aplicação do método estrutural às obras de arte, sob a condição de que estas sejam apenas obras de arte.[2] Não se trata de postular, pelas necessidades da demonstração, aproximações artificiais; é preciso aqui, como alhures, buscar nos dados empíricos a motivação de uma ampliação dos princípios estruturais aos objetos mais afastados da lógica conceitual do pensamento selvagem e mais essencialmente determinados por uma forma plástica.

Nesse sentido, a arte é tomada na rede estrutural e em seu funcionamento relacional, ao mesmo título que todas as práticas sociais e as representações de tipo ideológico. O estudo das correlações internas entre os mitos e as

---
1. C. Lévi-Strauss, *Tristes Tropiques*, op. cit., p. 177.
2. C. Lévi-Strauss, *La Voie des masques*, op. cit., p. 882.

obras é então plenamente legítimo, como o pode ser o estudo das estruturas elementares do parentesco. Nos dois casos, e na análise estrutural em geral, o objeto é tomado como elemento de uma combinação complexa, em conexão com sua história, com as formas geográficas ou culturalmente próximas, e com as possibilidades recusadas ou procuradas. Ou seja: a arte pode ser o objeto da antropologia estrutural na medida em que ela mesma funcione estruturalmente antes da intervenção do antropólogo. A ideia de um criador genial e solitário é apenas uma ilusão:

> Desejando-se solitário, o artista se embala com uma ilusão talvez fecunda, mas o privilégio que ele se oferece nada tem de real. Quando ele acredita se expressar de modo espontâneo e criar uma obra original, ele replica outros criadores passados ou presentes, atuais ou virtuais. Quer se saiba, quer se ignore, jamais se caminha só pelos caminhos da criação.[3]

O *pensamento selvagem* refina ainda essa aproximação entre a arte, o mito e a estrutura. De fato, os dois primeiros termos estão numa relação comparável, mas invertida, com o último. O mito procede de um ato criador, que usa as invariantes estruturais para produzir um objeto — a narrativa — que se apresenta como um conjunto de acontecimentos — uma história. A criação artística parte de um objeto e de um acontecimento contingente, depois tende à descoberta da estrutura que subentende o conjunto assim constituído, da mesma forma que a

---

3. Ibidem, p. 981. Talvez haja aqui o início de uma teoria estrutural da história da arte, que submeteria o sentido de cada criação à sua relação com as tentativas precedentes, organizando-se o conjunto das obras num jogo ou em uma combinatória, cujos movimentos não são exclusivamente estéticos.

gola de renda pintada por Clouet é ao mesmo tempo um objeto em si e a expressão de uma estrutura interna, a de qualquer renda.[4]

A emoção estética pode assim ser definida como a integração, percebida como necessária, da contingência a uma estrutura. Ou ainda: a arte é o resultado de uma confrontação entre a necessidade da estrutura e uma das três formas possíveis de contingência nesse campo, a do modelo, a da matéria e a do usuário.[5] Nessa exigência de diálogo e de busca de uma solução, a arte se aparenta ainda à bricolagem pela qual Lévi-Strauss quis qualificar o pensamento mítico como a disposição de seu próprio espírito.

Essa estética estrutural permite enfim compreender a pouca estima que Lévi-Strauss manifesta em relação à arte contemporânea. Não há aqui um conservadorismo fundamental, e o antropólogo foi até mesmo sensível, em sua juventude, à arte de seu tempo, principalmente ao surrealismo, do qual foi bem próximo. Todavia, uma enorme quantidade de obras na arte contemporânea procede como se a estrutura não fosse descoberta pela exploração da contingência, mas estivesse sempre disponível e disposta a servir de base para a criação. Uma verdadeira obra é aquela que encontra, pela criação de um objeto absoluto, a estrutura invariante no princípio de toda obra de arte, ou ainda a lei imanente que a informa. A obra sempre deve ser portadora e fonte de um saber da arte, de uma compreensão interior do gesto artístico como modo de ver e de fazer um mundo. Inversamente, a arte contemporânea tende a se entregar a uma espécie de trituração dos

---

4. C. Lévi-Strauss, *La Pensée sauvage*, op. cit., p. 582. A tela em questão é o retrato de Elisabeth da Áustria, pintado por François Clouet em 1571 e exposta no Louvre.
5. Ibidem, p. 590.

códigos da arte, renunciando assim a dizer alguma coisa do próprio mundo.[6]

O que encontramos na arte de hoje em dia? Um processo formalista em que o artista se dá artificialmente uma estrutura para dela deduzir um objeto: o mesmo ocorre com a música composta a partir de um computador, como o fazem os *habitués* do Ircam[7] ou os discípulos mais ou menos inspirados de Pierre Boulez. Seria melhor, diz Lévi-Strauss não sem certo rancor, usar esses mesmos computadores para procurar compreender como funciona a música tradicional, a fim de produzir novas obras que se inserissem nesse caminho de descoberta. A perenidade da arte tem preço: é preciso que o artista consiga aceitar "que uma estrutura qualquer não se torna automaticamente significante para a percepção estética somente porque qualquer significante estético seja a manifestação sensível de uma estrutura".[8]

A arte é estrutural de uma ponta a outra: em seu modo de criação, na emoção estética e no próprio discurso que lhe pode dar razão. É um mito ao inverso e, portanto, outra maneira de manifestar a lógica inconsciente do espírito humano. A contribuição de Lévi-Strauss para a estética não está então nas análises que dedica a uma obra ou a outra, se bem que ele manifeste aqui um gosto abalizado e uma capacidade de interpretação bastante notável. Dessa forma, na maneira de mergulhar a obra no jogo estrutural, ele se encontra numa estética que renuncia a qualquer autonomia.

---

6. C. Lévi-Strauss, *Anthropologie structurale deux*, op. cit., p. 326.
7. Ircam: Institut de Recherche et Coordination Acoustique/Musique [Instituto de Pesquisa e Coordenação de Música e Acústica], criado em 1969 na gestão de Georges Pompidou, sob a direção de Pierre Boulez, e inaugurado em 1977 em Paris. [N.T.]
8. C. Lévi-Strauss, *L'Homme nu*, op. cit., p. 574; a mesma tese está em C. Lévi-Strauss, *Anthropologie structurale deux*, op. cit., p. 327.

Assim, compreender Poussin significa explicar como ele se fez o admirável intérprete do acordo entre a natureza e o homem, manifesto em toda paisagem, sobretudo nas paisagens americanas evocadas por Lévi-Strauss em seu retrato do Novo Mundo[9]; falar sobre seu gênio consiste em mostrar como nele a criação não obedece ao desejo de acomodar o mundo à sua sensibilidade, mas a "uma escolha refletida sobre aquilo que, na natureza, é próprio ao seu tema"[10] ou, mais sucintamente, a uma visada da estrutura na percepção contingente da paisagem. Nesse sentido, a pintura é um sucedâneo inteligível do mundo sensível[11] que nos ajuda a compreendê-lo a partir do interior. Devemos então manter a absoluta inferioridade da arte sobre a natureza, da qual ela é, no melhor dos casos, apenas um revelador.[12]

Por fim, a música. Tudo o que dissemos da arte em geral evidentemente se encontra na música, mas com um grau de clareza e distinção incomparáveis. Não somente a música é estrutural, mas também a manifestação mais brilhante do poder da composição, a ponto de que talvez ela pudesse servir de paradigma do estruturalismo ao mesmo título que a linguagem. Podemos mesmo, diz Lévi-Strauss, considerar que a música "recupera as estruturas do pensamento mítico"[13], oferecendo um novo emprego aos modos inconscientes que não encontram mais

---

9. C. Lévi-Strauss, *Tristes Tropiques*, op. cit., p. 81.
10. C. Lévi-Strauss, *Regarder écouter lire*, in: *Œuvres*, op. cit., p. 1515. [Ed. bras.: *Olhar, escutar, ler*. Trad. Beatriz Perrone-Moisés, São Paulo, Companhia das Letras, 1997.]
11. C. Lévi-Strauss e D. Eribon, op. cit., p. 239.
12. Ibidem, p. 241: "O homem deve se persuadir de que ocupa um lugar ínfimo na criação, que a riqueza desta transborda, e que nenhuma de suas invenções estéticas jamais rivalizará com aquelas oferecidas por um mineral, um inseto ou uma flor."
13. Ibidem, p. 243.

expressão sob uma forma que, em torno do século XVII, tende a desaparecer:

> Antes de nascer na música, a forma "fuga" ou a forma "sonata" já existiam nos mitos.[14]

Compreende-se então que uma série de obras intituladas *Mitológicas* obedece a uma organização musical, na sucessão de seus capítulos e em seu léxico. Isso nada tem de um capricho de escritor, mas diz respeito a uma necessidade interna que une o mito, a música, a estrutura e a análise estrutural. Em todos os casos, há a primazia da relação sobre o elemento e uma tendência a conduzir a complexidade para uma armadura lógica ou para um sistema, tão simples quanto possível, de processos de transformação. Em relação a isso, o trabalho de um Rameau, tentando reduzir o número de acordes, fazendo com que todos derivem do acorde do tom maior, é estrutural *avant l'heure*, e corresponde a um gesto que tanto o mito quanto o mitólogo executam.[15] Poderíamos dizer a mesma coisa do exercício inverso, que consiste em elaborar o complexo a partir do simples, que chamamos de desenvolvimento em música e que Debussy implementa no prelúdio de *Pelléas et Mélisande*.[16]

Lévi-Strauss expõe mais longamente as modalidades dessa afinidade essencial entre a música e o estruturalismo na bem intitulada "Abertura" do primeiro volume

---

14. Ibidem, p. 244. A escritura musical manifestaria assim, da mesma forma que toda linguagem, as estruturas fundamentais das quais os mitemas são a forma selvagem, a expressão no estado puro.
15. C. Lévi-Strauss, *Regarder écouter lire*, op. cit., p. 1519: "A análise estrutural segue o mesmo procedimento quando procura reduzir o número de regras de casamento ou o dos mitos; ela reduz várias regras, ou mitos, a um mesmo tipo de troca matrimonial, ou a uma mesma armadura mítica, diferentemente transformados."
16. C. Lévi-Strauss, *Le Regard éloigné*, op. cit., p. 235.

de *Mitológicas — O cru e o cozido*. Além de uma justificativa, que poderia ser convencional, do recorte específico desse texto, Lévi-Strauss mostra por que tanto a música quanto o mito são linguagens que transcendem a linguagem articulada e exigem uma dimensão temporal ausente das artes plásticas[17], cujo efeito eles vão se apressar em anular pela afirmação da eternidade estrutural.

A música articula na obra a estrutura fisiológica daquele que ouve e a estrutura cultural determinada pela maneira pela qual uma civilização organiza os sons e os afasta entre si: tanto o trabalho do compositor quanto o da narrativa mítica é deslocar em permanência o quadro da possibilidade de as duas estruturas existirem ao mesmo tempo, produzindo assim a emoção e a surpresa daquele que ouve. A música é, dessa forma, uma organização intelectual da natureza, a da experiência sensível: a exemplo do mito, ela funciona e toca, naquilo que desperta, estruturas mentais comuns a todos os homens, que "só podem ser chamadas de gerais sob a condição de que se lhes reconheça um fundamento objetivo aquém da consciência e do pensamento".[18]

As páginas finais de *O homem nu* retomam o tema do caráter estrutural da música, dessa vez marcando, e isso é novo, sua dissimetria: enquanto a música só toma emprestada a forma-linguagem despindo-a de seu sentido, o mito deve utilizar plenamente a linguagem natural. Não obstante, essa dissimetria em nada altera a homologia primeira, dado que o mito significa *numa* língua transcendendo-a, tirando sua substância da invariante estrutural, e não da maneira contingente pela qual um indivíduo usará a língua. Lévi-Strauss conclui então adicionando a essa afinidade entre mito e música aquela

---

17. C. Lévi-Strauss, *Le Cru et le cuit*, op. cit., p. 23.
18. Ibidem, p. 35.

existente entre seu próprio trabalho e a composição: a antropologia estrutural como a tentativa desesperada de um homem consciente de sua incapacidade de produzir uma obra musical, em seu desejo mantido de tornar mais inteligível o inconsciente estrutural:

> Para mim, em todo caso, que iniciei essas *Mitológicas* plenamente consciente de que buscava assim compensar, sob outra forma e num campo que me fosse acessível, minha impotência congênita em compor uma obra musical, parece claro que tentei edificar com sentido uma obra comparável àquelas que a música cria com os sons: o negativo de uma sinfonia da qual, um dia, um compositor poderá legitimamente tentar tirar a imagem positiva.[19]

---

19. C. Lévi-Strauss, *L'Homme nu*, op. cit., p. 580. Teria Lévi-Strauss sido cientista porque não podia ser artista? Essa é uma hipótese inverificável, mas não absurda.

Conclusão

Vida e morte de Lévi-Strauss

Quando, em 1º de novembro de 2009, Lévi-Strauss faleceu, inúmeros foram os que já o acreditavam morto. Mais ainda: os comentários consistiram essencialmente em erigir a estátua de um intelectual à moda antiga, último representante de uma escola, o estruturalismo, que não teria mais grande coisa a nos dizer, última figura também de um modo de pensar, altaneiro, aristocrático, com certeza digno, mas obsoleto. Sua morte teria marcado o fim de uma época gloriosa da filosofia francesa, ou até mesmo da cultura francesa, na beleza de sua expressão literária e na alta consciência de sua universalidade.

Essa homenagem, por vezes sincera, se alimenta de certo número de aproximações que nos parecem trair a obra de Lévi-Strauss. Este seria em primeiro lugar escritor e filósofo, antes mesmo de ser cientista; seria, sozinho, a encarnação do estruturalismo. O estruturalismo estaria morto; em consequência, a morte de Lévi-Strauss só confirmaria o fim de sua doutrina, ou até o fim da filosofia francesa.

Retomemos então, à luz do que tentamos mostrar aqui, o conjunto desses elementos. A obra de Lévi-Strauss não é, nem implicitamente, e ainda menos explicitamente, uma filosofia. Ela é pensada como científica e se desdobra nas análises com frequência muito complexas das quais *Tristes trópicos* são a preliminar elegante. O estruturalismo não é uma invenção de Lévi-Strauss, mas o paradigma conceitual que permite à antropologia ultrapassar sua forma filosófica e chegar ao universal, o que é a marca definitiva da cientificidade de uma tese. Esse modelo, mesmo que a palavra "estruturalismo" tenha desaparecido do vocabulário contemporâneo, continua a irrigar a pesquisa linguística, assim como correntes importantes da psicanálise — em especial as iniciadas por Lacan —, da sociologia — o que teria sido Bourdieu sem Lévi-Strauss? — e, é claro, da antropologia — penso sobretudo no trabalho de Derrida de que falamos anteriormente.

Portanto, a morte de Lévi-Strauss não significa nem a morte do estruturalismo, nem a morte da filosofia, ficando claro que ele não era filósofo. Mais fundamentalmente: a obra de Lévi-Strauss, *porque* não é filosófica, pode se impor à filosofia como um dado de experiência, e não como uma teoria a mais, que sempre se poderia discutir ou ignorar. A antropologia estrutural é a forma mais convincente que a antropologia pode tomar quando se diz científica. Nesse sentido, e somente nele, ela pode ser considerada como uma formulação nova da preocupação propriamente filosófica que anima o pensamento contemporâneo, ou pelo menos aquela que reivindica a herança da suspeita e que se coloca no movimento empreendido por Marx e Nietzsche.

Não há aqui uma tentativa de recuperação filosófica de um pensador que se recusou obstinadamente a se dizer filósofo. Contudo, se a filosofia ainda pode hoje pretender a uma bela vivacidade, não é na medida em que é capaz de integrar os conhecimentos mais de ponta aos seus próprios procedimentos. Assim fazendo, ela não se reduz à ciência, nem à análise lógica, mas coloca a serviço de seu projeto crítico os argumentos da ciência. Lévi--Strauss está morto, mas graças a ele, e com ele graças a todos aqueles que recusam a oposição estéril entre ciência e filosofia, o pensamento pode prosseguir seu trabalho de destituição sistemática das ilusões conceituais que povoam indevidamente a *psyché* do homem ocidental.

Uma ética da inteligência

A antropologia estrutural, naquilo que tem de mais hostil à filosofia, chega a teses que finalmente dizem respeito à convicção, ou até mesmo à moral. Queríamos concluir nossos propósitos indicando brevemente os dois traços que poderiam caracterizar essa forma inédita de ética do pensamento: a exigência de um distanciamento do olhar e a humildade intelectual que é seu efeito desejável.

O primeiro elemento, que anteriormente havíamos aproximado do pensamento aberto que Kant define na *Crítica da faculdade de julgar*, exigindo do homem que pense se colocando no lugar do outro, terá levado Lévi--Strauss a buscar sistematicamente esse desenraizamento, a alteridade máxima, tanto em sua vida quanto em sua obra. Se *Tristes trópicos* teve, com justiça, tanto sucesso, isso não se deve apenas à beleza de seu estilo, mas também à certeza pacientemente transmitida ao leitor de que a verdade do homem está nesse afastamento doloroso entre aquilo que somos como indivíduos culturalmente situados e o que somos também como seres humanos, determinados por uma lógica mental em parte idêntica àquela do mais selvagem dos selvagens.

A ética do olhar distanciado é esse pensamento que se molda no espaço que ele próprio constrói entre a mais alta consciência da singularidade do outro e o cuidado de aí perceber a invariante estrutural que une o etnólogo aos corpos nambiquaras, nus e abraçados, dos quais ele diz que são "a expressão mais emocionante e a mais verídica da ternura humana".[1]

Pensamento de humildade, enfim, e para terminar. "O mundo começou sem o homem e se acabará sem ele."[2] O homem, o sujeito, a consciência e seus direitos, a própria liberdade: todos esses conceitos e esses atributos que fazem o orgulho do homem vacilam e hesitam quando se encontram inseridos num sistema estrutural. A antropologia tem essência naturalista: a humanidade é apenas um elemento dessa natureza, uma máquina num mecanismo, máquina que tende mesmo a destruir aquilo que a cerca, a ponto de que poderíamos chamar a antropologia de "entropologia", ciência das manifestações da desintegração do universo humano.[3]

O *moi* não é odioso, ele não encontra seu lugar entre o nós social e o nada para o qual a humanidade tende insensivelmente. Há muitas obras que valem a pena serem amadas, muitos seres merecem ser respeitados, muitos combates devem ser travados. Mas tudo isso, a própria *vida*, deve se dar sobre o fundo de uma convicção que gostaríamos de chamar de filosófica: a coragem de pensar e de agir, mesmo sabendo que de nossos movimentos efêmeros só permanecerá "a constatação revogada de que existiram, isto é, nada".[4]

---

1. C. Lévi-Strauss, *Tristes Tropiques*, op. cit., p. 293. Objetaremos a essa visão da humanidade pura que ela busca apreender o humano no mais longínquo, talvez esquecendo que o corpo do próximo, do vizinho, do compatriota, do amigo, assim como aquele do inimigo, é claro, são também comprovantes manifestações de humanidade. Lévi-Strauss parece por vezes confundir o privilégio dado ao longínquo, do qual já mostramos a legitimidade epistemológica, com um privilégio afetivo que nada autoriza moralmente.
2. Ibidem, p. 443.
3. Ibidem, p. 444.
4. C. Lévi-Strauss, *L'Homme nu*, op. cit., p. 621.

Índice de nomes próprios

Barthes, Roland 11, 17-19, 40, 58, 60, 79
Boas, Franz 12, 13, 16, 149, 150, 162

Deleuze, Gilles 38, 45, 92, 101, 112, 178, 182
Derrida, Jacques 13, 18, 20, 29, 36, 38, 45, 58, 78, 101, 111, 112, 121-126, 132, 178, 216
Descartes, René 97-99, 113, 116, 149, 186

Foucault, Michel 12, 18-20, 29, 36-38, 45, 58, 60, 92, 101, 111-113, 118-121, 177, 178, 181, 182
Freud, Sigmund 11, 15, 29, 58, 85, 97, 98, 101, 102, 105-110, 137, 138

Hegel, Georg Wilhelm Friedrich 14, 63, 134, 178
Heidegger, Martin 12, 13, 36, 121

Jakobson, Roman 12, 16, 18-20

Kant, Immanuel 22, 27-29, 33-35, 37, 38, 43, 80, 89-95, 98, 99, 102, 133, 178, 180, 182, 188, 190, 217

Lacan, Jacques 14, 18, 20, 58-60, 119, 216
Lyotard, Jean-François 40-42, 45, 112, 129, 172, 182

Marx, Karl 21, 29, 58, 85, 97, 98, 101-107, 113, 115, 117, 119, 136, 137, 216
Mauss, Marcel 12, 17, 47, 55, 67, 106, 125, 132, 190

Nietzsche, Friedrich 29, 97-101, 126, 181, 216

Platão 40, 59, 97

Radcliffe-Brown, Alfred 12, 13, 17, 68, 86, 163
Ricœur, Paul 80, 93-95, 112, 173
Rousseau, Jean-Jacques 11, 29, 81-87, 89, 100, 123, 164, 165

Sartre, Jean-Paul 11-19, 29, 36, 111-121
Saussure, Ferdinand de 11, 18, 58, 77, 106, 149-153

Índice de noções

Arqueologia 37, 60, 92
Arte 205-213

Bricolagem 29, 74-80, 145, 173, 208

Ciência 21, 26-30, 33-38, 40-56, 58, 63-67, 73-78, 93, 99, 112-118, 147-153, 170-173, 180, 185-190, 216, 217
Criticismo 37, 89

Epistemologia 30, 51, 67, 80, 108, 125, 149, 152, 166, 181, 185-190, 218
Estrutura 58-69, 129-140, 223
Estruturalismo 29, 30, 57-69, 74, 78, 79, 89, 92-95, 97, 107, 109-113, 118-121, 124, 131, 132, 134, 143, 148-151, 171, 173, 178, 180, 183, 187, 189, 199, 205, 210, 211, 215, 216, 224
Etnografia 23, 25, 39, 49, 52, 61-65, 72, 73, 85, 86, 95, 105, 125, 187-189, 194, 224
Etnologia 23, 28, 44, 49-52, 57, 72, 80, 84, 87, 104, 106-108, 110, 115, 116, 120, 125, 130, 132, 135, 137, 145, 147-151, 155, 160, 161, 164, 177, 224
Existencialismo 62, 112-114, 118

Fenomenologia 56, 112-114, 116, 120, 178
Funcionalismo 68, 108, 163

História 57, 64-66, 104, 112, 115, 117, 118, 120, 147, 173
Humanismo 35, 36, 59, 181-183, 185

Ideologia 58, 102, 103, 134
Incesto 122, 156-159, 198, 199, 224
Inconsciente 29, 49, 61-67, 68, 80, 93-95, 104, 106, 109, 110, 117, 119, 120, 129-131, 135-138, 150, 153, 155, 164-167, 169, 171, 173, 180, 185, 199-200, 209-213, 223-225

Jogo 29, 67, 74, 80, 107, 126, 144, 201, 207, 209

Linguística 29, 52, 55-58, 76, 106, 132, 141, 147-153, 167, 173, 177, 186, 216, 223, 224

Mito 21-25, 27, 29, 40, 46, 54, 63, 66, 71, 75, 82, 103, 109, 110, 117, 125, 129, 131-135, 138--143, 149-153, 160, 165-171, 173, 179, 188, 206, 207, 209, 211, 212, 224

Música 73, 205, 209-213

Parentesco 28, 29, 57, 64, 68, 71, 82, 120, 125, 135, 136, 145, 148, 149, 151-153, 155-160, 197, 198, 207, 224-225

Pintura 205, 210

Raça 144, 149, 200-203

Significante 39, 58, 77, 107, 123, 125, 126, 132, 138, 150, 167, 209

Sociologia 43, 47-49, 53, 55, 67, 150, 216

Sujeito 36, 44, 45, 58, 71, 74, 87, 93-95, 112-113, 119-121, 126, 144, 149, 172, 177-180, 181, 185, 218, 225

Suspeita 97-101, 112, 173, 216

Tabela 22, 28, 29, 65, 74, 141-145, 165, 187, 201

Totemismo 86, 87, 108-110, 135, 153, 160, 161-164, 165

Transcendental 89-95, 102, 115, 138, 178, 179

Glossário

Antropologia: Conhecimento científico do homem total, visto a partir de suas produções e de suas representações. A ambição da antropologia é atingir o espírito humano, na medida em que ele expressa em suas manifestações mais singulares uma estrutura universal e passível de objetivação.

Cultura: Cultura é um conjunto sistemático de práticas e de representações obtidas por uma combinação específica de elementos escolhidos num repertório ideal de combinações possíveis, elaborado pelo antropólogo. Cada cultura se caracteriza por um estilo particular, isto é, por uma forma singular de elaboração das normas do social.

Estrutura: Estrutura, na linguística, é o sistema fechado da língua, considerado em dado momento. Nele as significações só têm valor relativamente umas com as outras, valor opositivo ou diferencial. Na antropologia, entende-se por estrutura a arquitetura amplamente inconsciente que dá sentido às práticas culturais e intelectuais de determinada sociedade. A estrutura não é uma invenção do antropólogo: ela é produzida pela apreensão de uma organização lógica concebida como propriedade do real.

Estruturalismo: Movimento intelectual surgido da convicção de que a transferência dos métodos tomados de empréstimo da linguística estrutural em outros campos de aplicação permite identificar as invariantes conscientes e inconscientes que organizam o conjunto das manifestações materiais e simbólicas do espírito humano.

Etnografia: Observação e análise dos grupos humanos considerados em sua particularidade.

Etnologia: Utilização comparativa dos documentos apresentados pelo etnógrafo.

Incesto: A proibição do incesto é a norma universal e fundamental que permite o aparecimento de uma cultura. Ele formaliza a obrigação, para o homem, de dar a outrem a mãe, a irmã ou a filha, inaugurando assim a existência do social como lugar de troca.

Mito: Mito é uma narrativa que conta a origem de um fato que dá lugar a práticas e rituais em certa cultura; é, segundo Lévi-Strauss, uma representação imajada destinada a pensar o mundo no modo da homologia. A estrutura do mito é constituída por uma lógica de combinação de mitemas (ou unidades de significação) que articula a permanência e a temporalidade, o passado e o presente. Os mitos apresentam tanto em sua construção quanto em sua evolução uma armadura universal que a antropologia se dedica a identificar.

Parentesco: Lévi-Strauss entende por estrutura de parentesco todo sistema em que, na falta de uma prescrição claramente formulada, a proporção de casamentos entre certo tipo de parentes reais ou classificatórios, saibam ou ignorem os membros do grupo, é mais elevado que os que resultariam do acaso.

Pensamento selvagem: Lógica do concreto que estrutura o pensamento em geral, e os pensamentos mais distanciados da cultura ocidental em particular. Ela designa o movimento racional pelo qual o sensível se traduz em significações, ou ainda o pensamento inconsciente e anônimo que constitui o fundo de toda representação.

Sujeito: Tradicionalmente o sujeito designa a pessoa que sente, pensa e age na medida em que é capaz de uma relação consciente consigo. A filosofia geralmente identifica o sujeito do enunciado — o Eu [*Je*] do cogito cartesiano — e o sujeito da enunciação, a pessoa que fala efetivamente. Lévi-Strauss contesta tal identificação, mostrando que o sujeito da enunciação, e singularmente o autor de uma obra, é tomado no discurso que ele enuncia e numa estrutura que organiza ao mesmo tempo a linguagem e as modalidades de sua dicção por um *moi*.

Bibliografia

Pode-se encontrar na edição das *Œuvres* de Lévi-Strauss da coleção Pléiade (Gallimard, 2008) uma bibliografia completa e detalhada de cada um dos textos escolhidos, assim como uma bibliografia geral. Só mencionaremos aqui as obras que foram efetivamente utilizadas: as de Lévi-Strauss em primeiro lugar, em seguida os estudos críticos e, por fim, os diversos textos aos quais fizemos referência.

Obras de Lévi-Strauss

Les Structures élémentaires de la parenté, Paris, PUF, 1949.
Race et histoire, Unesco, 1952; reed. Paris, Gallimard, col. "Folio Essais", 1987.
Tristes Tropiques, Paris, Plon, 1955; reed. Paris, Pocket, 1974.
Anthropologie structurale, Paris, Plon, 1958; reed. Paris, Pocket, 1974.
Le Totemisme aujourd'hui, Paris, PUF, 1963.
La Pensée sauvage, Paris, Plon, 1962; reed. Paris, Pocket, 1969.
Le Cru et le cuit, Paris, Plon, 1964.
Du Miel aux cendres, Paris, Plon, 1967.

L'Origine des manières de table, Paris, Plon,1968.
L'Homme nu, Paris, Plon, 1971.
Anthropologie structurale deux, Paris, Plon, 1973; reed. Paris, Pocket, 1996.
La Voie des masques, Genebra, Skira, 1975; reed. Paris, Plon, 1979.
Le Regard éloigné, Paris, Plon, 1983.
La Potière jalouse, Paris, Plon, 1985; reed. Paris, Pocket, 1991.
De près et de loin, entrevista concedida a Didier Eribon, Paris, Odile Jacob, 1988.
Histoire de lynx, Paris, Plon, 1991; reed. Paris, Pocket, 1993.
Regarder écouter lire, Paris, Plon, 1993.
Œuvres, Paris, Gallimard, Bibliothèque de la Pléiade, 2008.

Livros dedicados a Lévi-Strauss

BERTHOLET, Denis. *Claude Lévi-Strauss*. Paris: Odile Jacob, 2008.

CLEMENT, Catherine. *Lévi-Strauss*. Col. "Que sais-je?". Paris: PUF, 2002.

HENAFF, Marcel. *Claude Lévi-Strauss*. Paris: Belfond, 1991.

IMBERT, Claude. *Le Passage du nord-ouest*. Paris: L'Herne, 2008.

KECK, Frédéric. *Lévi-Strauss et la pensée sauvage*. Paris: PUF, 2004.

LYOTARD, Jean-François. "Les Indiens ne cueillent pas les fleurs". In: *Claude Lévi-Strauss*. Paris: Idées-Gallimard, 1979.

MILNER, Jean-Claude. *Le Périple structural*. Lagrasse: Verdier, 2008.

PAZ, Octavio. *Deux transparents: Marcel Duchamp et Claude Lévi-Strauss*. Paris: Gallimard, 1970.

RICŒUR, Paul. "Structure et hermeneutique". In: *Lectures 2. La Contrée des philosophes*. Paris: Points-Seuil, 1999.

Artigos e estudos dedicados a Lévi-Strauss

Le Magazine littéraire, edição especial, "Lévi-Straus: l'etnologie ou la passion des autres", 2003.

Archives de philosophie, "Anthropologie structurale et philosophie: Lévi-Strauss", 2003.

Les Temps Modernes, "Claude Lévi-Strauss", n. 628, 2004.

Esprit, "Claude Lévi-Strauss: une anthropologie bonne à penser", n. 301, 2004.

Cahiers de l'Herne, "Claude Lévi-Strauss", n. 82, 2004.

L'Arc, "Claude Lévi-Strauss", n. 26, 1965; reed. Inculte, 2006.

Textos diversos

BARTHES, Roland. *Œuvres completes*. Paris: Seuil, 1994.

DERRIDA, Jacques. *De la Grammatologie*. Paris: Minuit, 1967.

_____. *L'Écriture et la différence*. Paris: Seuil, 1967.

DESCOLA, Philippe. *Par-delà Nature et culture*. Paris: Gallimard, 2005.

FOUCAULT, Michel. *Les Mots et les choses*. Paris: Gallimard, 1966.

_____. *Dits et écrits*. Paris: Gallimard-Quarto, 2001.

KANT, Immanuel. *Logique*. Trad. L. Guillermit. Paris: Vrin, 1969.

_____. *Critique de la raison pure*. In: *Œuvres philosophiques*, t. I. Paris: Gallimard, Bibliothèque de la Pléiade, 1980.

_____. *Critique de la faculté de juger*. In: *Œuvres philosophiques*, t. II. Paris: Gallimard, Bibliothèque de la Pléiade, 1985.

ROUSSEAU, Jean-Jacques. *Discours sur l'origine et les fondements de l'inégalité parmi les hommes*. Paris: Garnier-Flammarion, 1971.

SCHAEFFER, Jean-Marie. *La Fin de l'exception humaine*. Paris: Gallimard, 2007.

ESTE LIVRO FOI COMPOSTO EM SABON CORPO 10,7 POR 13,5 E
IMPRESSO SOBRE PAPEL OFF-SET 75 g/m² NAS OFICINAS DA ASSAHI
GRÁFICA, SÃO BERNARDO DO CAMPO — SP, EM JUNHO DE 2018